사고력·창의력을 길러주는 필독서

# 과학사의 뒷이야기

학생과학문고편찬회 엮음

# 책머리에

오늘날 우리는 온갖 문명의 편리를 누리며 살고 있습니다. 버튼만 누르면 지구의 반대편 사람과도 얼굴을 보고 이야기하고, 인공 위성을 타고 우주 여행을 하고, 복제 양을 만들어 내는 등 예전에는 상상도 못했던 일들이 일어나고 있습니다. 이러한 모든 일들은 과학의 힘으로 이루어지고 있습니다.

과학의 발달은 곧 인류 문명 발달의 역사라 할 수 있습니다. 과학의 발전 없이는 국가의 발전을 기대할 수 없습니다. 오늘날 세계의 강대국이라고 자타가 인정하는 나라들은 모두 과학 발전에 엄청난 힘을 기울이고 있습니다. 왜냐 하면, 과학 기술의 발달은 국가 안보와 경제 발전, 그리고 국민 복지 향상의 척도이기 때문입니다.

제2차 세계 대전 후 선진 공업 국가들은 막대한 연구비를 투자해 가며 과학 기술의 우위를 차지하려고 노력해 왔습니다. 오늘날, 반도체를 중심으로 한 전자 공업, 컴퓨터를 중심으로 한 정보 산업, 생명 공학 등의 첨단 과학 기술은 선진국과 후진국을 판가름하는 기준이 되기에 이르렀습니다.

그러나 과학 기술의 발전은 단시일 내에 이루어지는 것이 아닙니다. 과학자들의 꾸준한 연구와 인재 양성, 그리고 과학 기술 전반에 걸친 국민적 관심이 있어야만 가능합니다.

특히, 자라나는 2세들을 위한 과학 교육은 어려서부터 자연과 접촉하며 호기심과 흥미를 갖는 데서부터 시작됩니다. 이러한 호기심이 문제를 해결하고 보다 큰 창의력으로 나아갈 때 이것은 곧 미래에 훌륭한 과학 기술을 연구, 발전시키는 밑거름이 되는 것입니다.

이 책은 학생들이 과학 공부에 더없이 좋은 학습 참고서가 될 것이며, 과학 기술에 대한 흥미와 관심을 갖는 데 많은 도움을 줄 것입니다. 또한, 과학에 대한 올바른 지식과 합리적이고 논리적인 사고력을 길러, 창의력을 갖춘 미래의 훌륭한 과학자로서의 자질을 갖출 수 있도록 했습니다.

부디 이 책을 통해 미래의 훌륭한 과학자들이 많이 배출되기를 기원해 마지않습니다.

편집자 씀

## 유리를 만드는 기술
### ● 유리의 발견 · 12
페오니키아 인의 유리 발견 · 12
유리는 누가 처음 만들었는가 · 17
깨어지지 않는 유리 · 20
안전 유리의 발견 · 24

## 클레오파트라와 진주
### ● 식초에 녹은 진주 · 30
안토니우스와 클레오파트라 · 30
진주는 식초에 녹는가 · 38
토머스 그레셤과 진주 · 39

## 인류 최악의 무기
### ● 수도승과 화약 · 42
우연한 사건이 낳은 발견 · 42
화약과 대포의 발달 · 46
역사에 미친 영향 · 49

## 두 발명가에 관한 대립된 주장
### ● 안전등의 발명 · 52
탄갱의 등 · 52
데이비, 안전등 발명 · 54
스티븐슨도 안전등을 만들다 · 59

# 차례

## 두 청년, 일자리를 찾다
### ● 패러데이와 머독 · 64
마이클 패러데이의 어린 시절 · 64
데이비에게 취직을 부탁하다 · 67
패러데이, 왕립 연구소에 고용되다 · 68
머독, 와트의 공장으로 가다 · 72
볼턴, 모자에 주목하다 · 74

## 적국 과학자에 대한 예우
### ● 과학자에 대한 존중 · 78
뱅크스의 편지 · 78
프랭클린과 쿡 선장 · 81
나폴레옹과 제너 · 86
데이비 수상과 프랑스 방문 · 88

## X선의 우연한 발견
### ● X선의 발견 · 94
진공 방전의 연구 · 94
뢴트겐, X선을 발견하다 · 96
또 하나의 이야기 · 98
X선 발견의 파문 · 98
X선의 응용 · 101

## 방사능의 발견
### ● 오류가 낳은 위대한 발견 · 104
형광을 연구한 베크렐 일가 · 104
우라늄염을 쓴 실험 · 107
새로운 방사선을 발견하다 · 111
방사능이 원자의 비밀을 드러내다 · 112
오류가 진리를 이끌다 · 115

## 사상 최대의 과학 모험

- ● **인류 최악의 무기 · 118**
  - 원자핵 분열의 발견 · 118
  - 영국, 원자 폭탄 계획에 나서다 · 122
  - 중수의 이동 · 124
  - 노르스크 히드로 기습 · 125
  - 독일의 원자력 연구 · 127
  - 원자 폭탄의 완성 · 131
  - 원자 폭탄과 일본의 항복 · 133

## 고대로부터 내려온 두 수학 문제

- ● **수학에 관한 수수께끼 · 136**
  - 아킬레스와 거북의 경주 · 136
  - 정육면체의 부피 구하기 · 141
  - 전염병과 아폴론의 신탁 · 143
  - 원적 문제 · 145

## 과학에 대한 두 가지 충고

- ● **과학자를 향한 질문 · 148**
  - 찰스 2세, 과학자를 우롱하다 · 148
  - 왕립 학회, 조롱당하다 · 152

# 유리를 만드는 기술

# 유리의 발견

● 페니키아인의 유리 발견

유리는 천연적으로 산출되는 것은 아니지만, 적어도 3~4천 년 전부터 인간이 사용하여 왔다.

서력 기원이 시작되기 훨씬 이전부터 유리는 성서에서 말하는 가나안의 땅에서 만들어졌다. 생산의 중심은 시돈이라는 마을이었다.

　로마의 역사학자 플리니우스(기원 23~79년)는 가나안을 페니키아라고 부르고 있었다. 시리아의 지중해 연안에 위치한 지방으로 고대에는 매우 번영하였다.
　카르멜산 근처의 지대에서 시작되는 베루스강이 8킬로미터의 짧은 수로를 천천히 흘러 페니키아 지방을 비옥하게 만들며 지중해로 들어간다. 이 강은 토사를 나르고 하구에 퇴적해서 폭 1킬로미터도 되지 않는 좁고 긴 사주를 만들고 있었다.
　밀물과 썰물이 드나들며 끊임없이 모래를 씻으므로 불순물은 대부분 녹아서 흘러내려가 버리고, 흰 모래만이 남아서 햇빛을 받아 은처럼 눈부시게 반짝인다.
　이 가늘고 긴 사주가 페니키아인이 우연히 유리를 만드는 방법을 발견하는 무대가 되었다.
　페니키아인은 부지런한 민족이었다. 일부 남자들은 세계

도처의 바다로 나아가, 각지에서 자기들이 만든 물건을 원료와 바꾸는 물물 교환을 했다.

그들은 고대 영국을 찾아가 직물과 교환해서 주석을 손에 넣었고 가까운 이집트를 자주 드나들어 천연 소다를 배에 싣고 돌아왔다. 천연 소다는 오늘날로 말하면 탄산나트륨에 소량의 탄산수소나트륨, 식염, 그 밖의 불순물이 섞여 있는 것이다.

천연 소다는 이집트의 소금 호수의 기슭에서 대량으로 산출되어 옷감이나 천 등의 세탁에 쓰여지고 있었다. 당시에는 아직 비누가 알려져 있지 않았다. 또한 이집트 인은 시체를 미라로 보존할 때도 방부제로 천연 소다를 사용하였다.

유리의 우연한 발견에 관한 이야기는 플리니우스가 박물지 속에서 언급하고 있다. 이 책에 의하면 천연 소다를 실은 한 척의 배가 페니키아로 돌아와서 선원들은 베르스강 근처의 좁고 긴 사주에 상륙하여 식사 준비를 했다. 이 해안은 모래뿐이어서 냄비를 걸어 놓을 돌이 하나도 없었다. 선원들은 할 수 없이 배에서 소다 덩어리를 몇 개 가져와서 그 위에 냄비를 걸었다. 냄비 밑에 모닥불을 활활 피우고 있는 동안에 그들은 이상한 현상을 목격했다.

그것은 지금까지 본 일조차 없었던 투명한 액체가 흘러 나오는 것이었다. 액체는 불의 열기가 소다와 모래에 작용해서 생긴 것이었다. 이 투명한 액체는 유리가 녹은 것이었다.

유리를 만드는 방법은 이처럼 우연하게 소다와 모래를 섞어 가열한 데서 발견된 것이다.

연구의 재간이 풍부하고 손재주가 뛰어났던 페니키아인들은 이 방법을 한층 더 개량해서 여러 가지 유리 제품을 만들기에

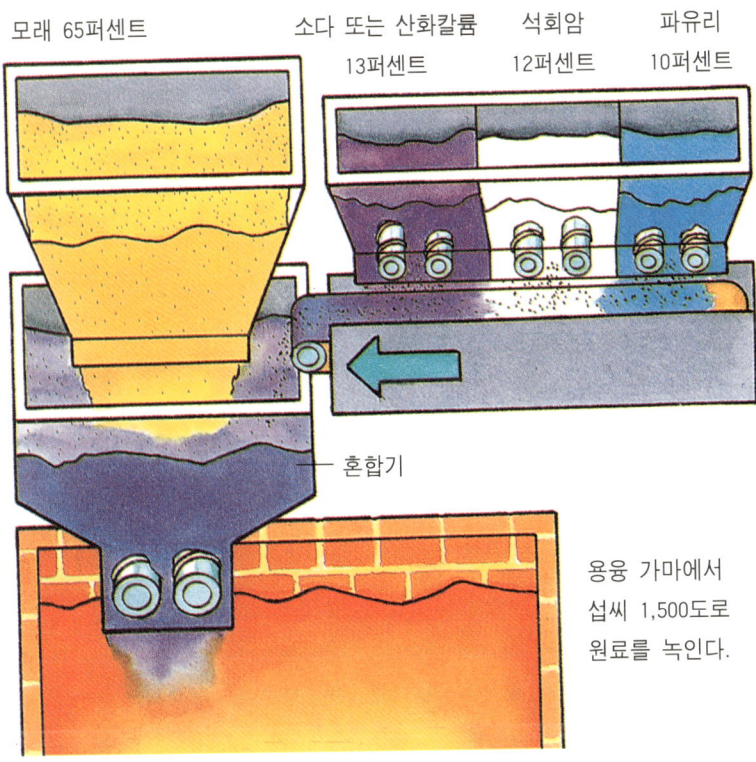

이르렀다. 이들이 최초로 만든 것들은 대부분 새을 띤 장시용 구슬로서, 페니키아의 상인들은 인접국의 미개한 사람들에게 비드(염주 구슬)라는 구슬과 교환해서, 그들에게 필요한 재료를 손에 넣었다.

이러한 유리 발견의 이야기가 사실인가를 규명하기 위해서 많은 사람들이 의견을 말해 왔다. 그런데 공통적인 사실은 유리를 만드는데 꼭 필요한 탄산나트륨과 모래와 열이 골고루 갖추어져 있다는 사실이다. 게다가 이를 뒷받침하는 사실은 베르스강 하구에 가까운 어느 특별한 사주의 모래는 이 목적에 꼭 안성맞춤인 모래로서, 그 후 몇 세기에 걸쳐서 유리 제조에 사용되어 왔다는 것이다.

🔴 유리 원료를 녹이는 용융 가마의 안

그러나 많은 저술가들은 해안의 모래 벌판에서 어떻게 모닥불로 소다와 모래가 녹아서 액체의 유리가 만들어질 만한 고온을 얻었느냐 하는 점이다.

유리가 되기에 필요한 온도는 모래와 소다를 섞는 비율에 의해서 결정된다. 최근의 실험에 의하면 집 밖에서 나무를 2시간 정도 계속 태우면 웬만한 유리의 원료 혼합물을 끓여 녹일 수 있을 만큼의 고온이 생긴다는 것이 밝혀졌다. 물론 페니키아 선원들의 모닥불이 이 실험실에서의 불과 같은 정도로 많은 열을 발생시켰다는 증거는 없다.

그러나 이 때 발생한 열로써 적어도 혼합물의 표면만에라도 유리와 같이 반짝이는 것이 생길 것이라 생각해도 전혀 불합리한 것은 아니다.

현명한 페니키아인이 이것으로부터 힌트를 얻어서 소다와 모래를 섞은 것을 특별히 만든 도가니 속에서 고온으로 가열해서 반짝반짝 빛나는 새로운 물질 곧, 유리를 만들어 내는 기술을 생각해 냈다는 것은 능히 짐작할 만하다.

## ● 유리는 누가 처음 만들었는가

유리의 발견에 관해서는 다음과 같은 여러 가지 다른 이야기도 있다. 여기서는 모닥불 정도가 아닌 매우 뜨거운 불이 등장한다.

"어떤 사람에 의하면 이스라엘의 어린이들이 수풀에 불을 질렀을 때, 불이 너무 세차게 일어 초석과 모래가 그 열 때문에 녹아서 언덕의 비탈로 흘러내렸다고 한다. 그 후 그들은 이렇게 우연하게 만들어진 유리를 인공적으로 만들어 내려고 애썼다."

이 글을 쓴 사람은 소다나 화학적으로 소다와 비슷한 알칼리성 물질을 통틀어서 초석이라 부르고 있다.

페니키아인들이거나, 이스라엘인들이거나 혹은 이 양쪽 사람들이 지금까지 언급한 바와 같이 우연한 계기로부터 독자적으로 유리를 만드는 방법을 발견했을 가능성을 전적으로 부정할 수만은 없다. 단지 이스라엘 사람 쪽의 이야기에는 그 배경이 될 만한 증거는 거의 아무것도 없다.

그러나 어느 쪽에 의해서건 이들이 유리를 만드는 방법을 알아 내기 훨씬 이전에 고대 이집트인이 그 방법을 이미 알고 있었다는 것이 뚜렷이 증명되고 있다. 그것은 페니키아 인이 유리 제품을 만들기 시작한 것보다 몇백 년 전에 만들어진 유리 제품이 이집트에서 발견되었기 때문이다.

🔺 플로트 방법으로 유리를 만드는 과정이 컴퓨터로 조종되고 있다.

◀ 판유리 제조 공장—
판유리는 모래나 석영을 원료로 사용하고 있다.

고대 민족의 역사를 연구하는 학자 중에는 유리를 만드는 방법은 도자기에 유약을 바르는 기술로부터 차츰 발달했다고 생각하는 사람도 있다. 이집트의 도자기 유약은 화학적으로는 유리와 거의 다르지 않기 때문이다. 그들은 또한 이집트에서 시작된 이 방법이 페니키아나 그 밖의 다른 나라들에 전해졌다고 믿고 있다. 따라서, 유리가 어디에서 언제 처음으로 만들어졌는가 하는 문제는 아직 밝혀지지 않았다.

그러나 예수가 살아 있었을 때 로마를 통치한 티베리우스 황제 시대가 되면, 이집트인이 유리 제품 제조 기술에 고도로 숙련되어 있었다는 것은 의심할 여지가 없다. 그 이전의 몇 세기 동안 이집트인은 국외로 유리를 수출할 만큼 대량으로 생산하여 비싼 값으로 팔았었기 때문이다. 티베리우스는 이집트의 숙련된 장인들을 설득해서 로마로 데려와 로마에 유리 공장을 세우고, 또 로마의 장인들에게 기술을 가르치도록 했다. 이 계획은 크게 성공을 거두어 네로 황제 시대 로마인들의 유리 제조 기술은 이집트인의 기술을 능가해서 모자이크나 유리 식기 따위를 만들게 되었다.

예를 들면, 네로는 오늘날의 돈으로 5만 파운드 이상에 해당하는 유리 술병 2개를 주문했다고 한다.

### ● 깨어지지 않는 유리

티베리우스 통치 시대에 어떤 사나이가 두들겨도 보통의 유리처럼 산산조각으로 깨어지지 않고 단지 오목하게 들어가기만 하는 새로운 유리를 만드는 독특한 방법을 발견했다고 한다.

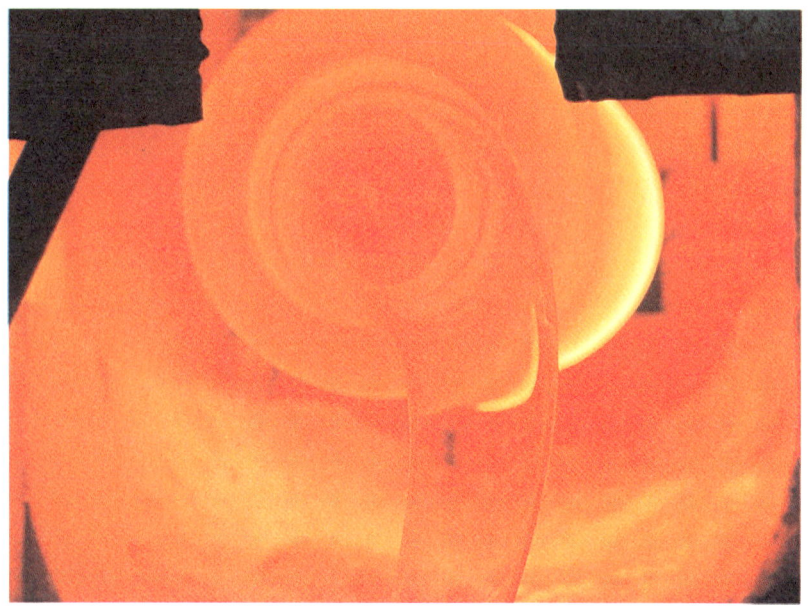

▲ 유리관은 맨드릴이라고 하는 장치로 만든다.

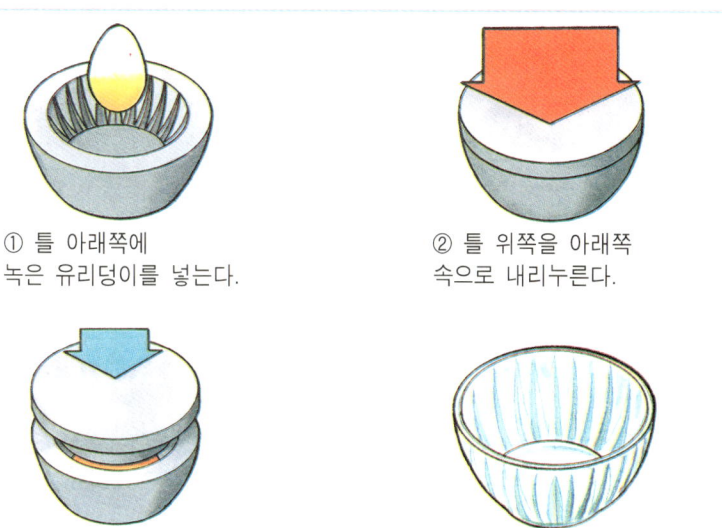

① 틀 아래쪽에 녹은 유리덩이를 넣는다.
② 틀 위쪽을 아래쪽 속으로 내리누른다.
③ 압력을 가하여 완전한 모양을 만든다.
④ 틀의 모양대로 그릇이 만들어 진다.

🔺 유리 그릇 만들기

 그는 이 유리를 가지고 아름다운 컵을 하나 만들었다. 그리고는 티베리우스가 유리 만드는 데 대단히 흥미를 갖고 있음을 알고 황제의 마음에 들기 위해 이 컵을 바치기로 작정했다.
 옛날 이야기에는 흔히 있는 일이지만, 이 이야기도 용의주도한 점에서는 어느 정도 비슷한 내용이 나타난다.
 어느 고대의 저술가에 의하면 그 사나이는 이전에 티베리우스에 의해서 로마로부터 추방된 건축가였다고 한다. 이 건축가는 추방되어 있던 시골집에서 깨어지지 않는 유리 만드는 방법을 발견하여 이 유리를 가지고 술병을 만들었다.
 그래서 그는 이렇게 생각했다.
 '티베리우스가 새로운 진귀한 선물을 받는다면 반드시 그는 나의 죄를 용서하고 추방령을 철회할 뿐 아니라, 상당한

상을 내릴 것이다.'

역사가 플리니우스는 이 놀랄 만한 발견에 관해서 겨우 몇 줄로 언급했다.

'티베리우스 황제 시대에 깨어지지 않고 구부러지기만 하는 유리 만드는 조합법이 고안되었다고 한다. 그러나 이것을 고안한 장인의 일터는 구리나 은, 또는 금값이 떨어지는 것을 방지하기 위해서 흔적도 없이 파괴되었다고 한다. 그러나 이 보고는 훨씬 옛날부터 유포되어 있던 것일 뿐 여부는 확실하지 않다.'

다른 저술가는 좀더 자세한 설명을 하고 있다.

'어떤 로마의 장인이 깨어지지 않는 유리컵을 만드는 방법을 발견하여 황제의 총애를 얻으려고 그것을 헌납하려고

했다. 이 컵은 황제가 갖고 있던 금으로 된 어느 컵보다도 훌륭하게 보였으므로 크게 칭찬을 받았다. 장인은 뽐내면서 티베리우스에게 컵을 건넸으나 황제가 유심히 살펴보는 도중에 그는 이것을 땅에다가 힘껏 내던졌다. 황제는 깜짝 놀랐으나 장인이 다시 컵을 땅에서 집어 들었을 때 이 곳에 있던 모든 사람들은 그것이 마치 청동그릇처럼 오므라들었음을 목격했다. 그런 다음 장인은 다시 주머니 속에서 자그마한 쇠망치를 꺼내서 이것으로 컵을 두드려서 오므라들어 간 부분을 펴서 본래의 모양으로 되돌려 놓았다.

황제가 "그대 말고 누가 이런 유리를 만드는 방법을 알고 있는가?" 하고 물었을 때 그는 더욱 기고만장하여, "저밖에는 아무도 모릅니다."라고 대답하자, 티베리우스는 곧 그의

목을 치라고 명령했다. 왜냐 하면, 만약에 이 방법이 알려지면 사람들이 금을 쓰레기 정도로밖에 생각하지 않을 것이기 때문이었다.'

이러한 기록 속에는 티베리우스와 거의 같은 시대에 살고 있었던 사람이 쓴 글도 있으므로 믿을 수 없다고 할 수만은 없다.

그러나 깨어지지 않는 유리는 그 후 몇 세기 동안 상업적으로는 그 모습을 보여 준 일이 없었다. 황제에게 바쳐진 컵은, 사실은 유리가 아니라 투명한 수지로 만든 것이었으리라는 추측도 있다. 수지였다면 보기에는 유리와 꼭 같으나 부숴지지 않으므로 두들겨도 깨지지 않았을 것이다.

## ● 안전 유리의 발견

그런데 20세기에 들어와서 깨어지지 않는 유리에 대한 매우 흥미로운 사건이 일어났다. 그것은 프랑스의 과학자 에두아르 베네딕투스가 우연히 지독한 자동차 사고를 목격한 것에서 비롯되었다.

자동차 사고로 자동차의 유리가 박살이 나서 산산조각으로 흩어지고 차에 타고 있던 부인이 이 때문에 크게 다친 사고를 목격한 베네딕투스는 몇 년 전에 셀룰로이드라는 물질 때문에 일어난 자그마한 재난을 회상했다.

당시 셀룰로이드는 칼자루나 빗, 피아노의 키, 그 밖의 여러 가지 물건을 만드는 데 널리 쓰였고, 상아나 뼈의 값싼 대용품이 되고 있었다(오늘날에는 거의 플라스틱 재료로 바뀌었다).

셀룰로이드는 알코올 등 두세 가지 액체에 녹지만, 이러한

🔴 깨지면 잔잔한 알갱이가 되는 강화 유리

용제는 모두 쉽게 공기 중으로 증발한다.

1888년 어느 날, 베네딕투스는 셀룰로이드의 용액을 사용한 한 가지 실험을 끝내고 용액을 플라스크에 넣은 채 실험실의 높은 선반 위에 놓아 두었다.

그 후 1903년의 어느 날, 그는 실험실을 정리하고 있었다. 그 플라스크는 그 때까지도 선반 위에 여전히 놓여 있었다. 그가 선반 위에서 플라스크를 내려놓으려고 했을 때 그만 실수로 플라스크가 손에서 미끄러져 떨어지면서 실험대에 부딪혀 깨어져 버렸다.

베네딕투스는 유리가 산산조각이 나서 사방으로 흩어지리라 생각했다. 그런데 놀랍게도 플라스크는 산산조각으로 깨졌으나 이 조각들이 풀로 붙인 것처럼 서로 다닥다닥 붙어 있는 것이 아닌가.

◐ 안전 유리—충격으로 금이 가 깨져도 파편이 잘 떨어져 나가지 않는다.

◐ 안전 유리—자동차의 앞유리에는 2장의 유리 사이에 플라스틱 필름을 끼운 합판 유리를 쓰고 있다. 유리가 깨져도 날카로운 파편이 되지 않는다.

베네딕투스는 깨진 플라스크를 집어 들고 15년 전에 붙여 놓았던 라벨을 읽고, 이 플라스크에 셀룰로이드 용액이 들어 있었던 것을 기억했다.

액체는 15년 동안에 완전히 증발해 버리고 플라스크의 내면에는 얇은 셀룰로이드막이 붙어 있었던 것이다.

그는 깨진 플라스크를 진귀한 표본으로 하여, 그것에 무엇이 들어 있었고, 어떤 일이 생겼었다는 것을 기록해서 메모를 첨부했다.

베네딕투스는 자동차 사고를 목격했을 때, 이 깨진 플라스크를 회상하였다. 새로운 아이디어가 그의 머릿속에 떠오르자 그는 곧장 실험실로 돌아왔다.

그는 해질 무렵부터 다음 날 정오 가까이까지 실험실에 있었다고 한다. 이 때까지 그는 안전 유리를 만드는 방법을 고안하고 있었다. 그의 방법은 이러했다.

유리판의 한쪽 면에 셀룰로이드 용액을 바르고 액체가 대부분 증발할 때까지 내버려 둔다. 셀룰로이드가 끈적끈적해졌을 때 위로부터 한 장의 유리판을 눌러 붙이고 이 '샌드위치'를 셀룰로이드가 완전히 굳어질 때까지 놓아 둔다.

이렇게 하면 두 장의 유리판은 굳게 붙어 버리고 판이 깨어져도 조각들은 셀룰로이드의 막에 달라붙은 채 있게 된다. 이렇게 해서 그는 자동차 사고에 따르기 마련인 깨어진 유리 조각에 의한 부상을 막는 방법을 발견했던 것이다.

이 안전 유리는 유리판 두 장과 그 사이에 셀룰로이드의 막 한 개 모두 세 개의 층으로 되어 있으므로, 베네딕투스는 이것에 '트리플랙스'라는 이름을 붙였다.

1909년 그는 트리플랙스의 제조법에 대한 특허를 얻었다.

🔻 유리 섬유로 만든 광섬유

유리로 만든 플라스크가 금이 가서 터지는 것이 베네딕투스에게 트리플랙스를 만드는 아이디어를 낳게 한 것은 거의 의심할 여지가 없다. 그러나 세 층으로 만든 안전 유리의 특허를 얻은 것은 그가 처음이 아니었다.

1906년에 J. C. 우드라는 영국인이 같은 아이디어를 착상하고 있었다. 단지 그는 베네딕투스가 사용한 셀룰로이드 대신에 캐나다 발삼이라 불리는 일종의 수지를 사용했다.

그러나 우드의 발명은 상업적으로 성공하지 못했다. 반면 베네딕투스의 안전 유리는 나오자마자 날개 돋친 듯 팔렸다.

1909년 이후 안전 유리의 제조법은 여러 가지로 개량되고 있다. 더욱이 새로운 접착제, 특히 플라스틱으로 만든 접착제가 셀룰로이드 대신 사용되기에 이르렀다.

# 2

## 클레오파트라와 진주

# 식초에 녹은 진주

● **안토니우스와 클레오파트라**

이집트의 여왕 클레오파트라(기원전 69~30년)는 역사상 가장 아름다운 여왕 중의 한 사람이었을 뿐 아니라, 굉장한 매력과 뛰어난 재능, 막대한 재산을 갖고 있었다. 그녀는 자신을 위한 일이라면 주저하지 않고 이 모든 것을 사용하였다.

　기원전 40년 무렵 로마 제국의 지배자의 한 사람이던 마루크스 안토니우스(기원전 약 82~30년)는 그리스나 소아시아에 군대를 동원하여 진군하고 주민들을 로마의 명령에 복종하도록 했다. 이 원정 동안에 안토니우스는 클레오파트라가 자기의 적을 도운 것을 알고는 그녀에게 강력히 사죄를 요구했다.
　이에 대해 여왕은 자신이 스스로 안토니우스를 방문하여 답변하리라 결심했다. 하지만 그 같은 결심을 하게 된 배경에는 그녀 나름대로 자신의 매력과 용모와 부를 이용해서 안토니우스를 사랑에 빠뜨려 상대를 자기 편으로 만들려는 의도를 가지고 있었기 때문이었다.
　여왕은 왕실용의 갈레선을 타고 수많은 작은 배를 거느리고

🔻 금으로 만든 여러 가지 장식품과 도구

위풍당당히 선열을 지어 회견 장소로 향했다. 왕실용의 갈레선에는 보랏빛 고급 천으로 만든 돛을 달고 배 둘레를 금으로 장식하였으며, 노는 은으로 만들었다.

  플루트, 피리, 하프를 연주하는 소리가 강 위에 은은하게 울려 퍼지고 노를 젓는 손들은 이에 박자를 맞추어 저어 나갔다.

  더없이 정교하게 만들어진 금으로 수놓은 천막 안에는 클레오파트라가 앉아 있었다. 클레오파트라는 사랑의 여신 비너스도 무색하리만큼 아름답게 꾸몄고, 그 곁에는 큐피드처럼 차려 입은 미소년들이 우아한 부채를 들고 여왕의 시중을 들고 있었다. 바다의 요정처럼 옷을 차려 입은 아름다운 소녀들은 명주로 만든 밧줄로 돛을 조종하였다.

  클레오파트라는 안토니우스가 호기심에 끌려 이 웅장한 광경을 보려고 스스로 걸어 나올 때까지 배 위에 그대로 머물러

있기로 작정했다. 반드시 그가 방문을 할 것이라고 예측해서 화로에는 향을 피웠고, 그 향기는 강가에 모여든 군중 속으로 감돌며 퍼져 나갔다.

어둠이 서서히 다가오자 뱃머리에 걸어 놓은 갖가지 모양의 작은 등불들이 켜지더니 이윽고 무엇이라고 형언할 수 없으리만큼 눈부시고 황홀한 광경이 벌어졌다.

마침내 안토니우스가 이 황홀한 배 앞에 나타났다. 안토니우스는 갈레선에 옮겨 타며 단단히 여왕을 신문하려고 했다. 그러나 곧 이 아름답고 매혹적인 여성의 매력에 사로잡혀 배 위에서 함께 식사를 하자는 여왕의 요구를 순순히 받아들였다.

배 위에는 이미 안토니우스를 위해 모든 것이 준비되어 있었다. 식사를 하는 선실 마루에는 두껍게 꽃이 깔려 있었고, 의자나 벽은 보라색이나 금빛 수로 덮여 있었다.

식사는 보석으로 아로새긴 금접시에 담겨 나왔다. 금으로 만든 술잔이나 보석도 사치스럽게 장식되어 있었고, 음식은 진기하고 값비싼 것뿐이었다. 안토니우스는 보는 것마다 정신을 빼앗겨 침이 마르도록 칭찬했다.

클레오파트라는 안토니우스를 위해서 특별히 이렇게 마련한 것이 아니라, 자기로서는 보통 언제나 이런 정도로 살고 있다고 믿게끔 자연스럽게 거동했다. 사실 이런 정도의 생활을 평소에도 하고 있다는 것을 보여 주기 위해서 여왕은 연회에서 사용한 모든 것 가령 의자, 금접시, 보석으로 아로새긴 술잔을 하나도 남기지 않고 안토니우스에게 선사했다.

그런 다음에 여왕은 안토니우스에게 조금 더 배에 머물러 파티를 즐기도록 권유했다. 안토니우스는 이 유혹을 도저히 물리칠 수 없었다. 그들은 춤을 추고 술잔을 나누면서 함께 즐거운 시간을 보냈다.

호화로운 파티가 몇 번이고 거듭되었다. 안토니우스는 깊은 인상을 받고,

"이런 연회를 하려면 막대한 비용이 들었겠지요?"

라고 물었다.

클레오파트라는

"제게는 이 정도의 비용이란 아주 하찮은 것에 지나지 않아요."

라고 대답하면서 계속해서 안토니우스에게,

"정말로 호화로운 연회에 참석하고 싶으세요? 그렇다면 약 1만 쎄스테르치아(오늘날의 금액으로 환산하면 거의 약 20

만 파운드)가 드는 연회를 마련해서 초대하겠어요."
라고 말했다.

그러자 안토니우스가 놀라서 말했다.

"아무려면 한 번 연회를 여는 데 그렇게 많은 돈을 소비할 수는 없겠지요?"

"그렇다면 내일 만나 뵙기로 하지요. 만약 그럴 수 있다면 어떻게 하시겠어요?"

하고 클레오파트라는 내기를 제의했다.

안토니우스는 이에 응하고 부하 장군의 한 사람인 플랑쿠스를 심판으로 지명했다.

다음 날 안토니우스와 그의 부하 장군들은 또다시 갈레선

🔻 **월별 탄생석**—위로부터 석류석(1월), 자수정(2월), 아콰마린(3월), 다이아몬드(4월),

으로 건너왔다.

처음 얼마 동안은 이 날의 연회가 전날의 연회에 비해서 별로 비용이 더 든 것처럼 보이지 않았다. 그런데 연회가 거의 끝날 무렵쯤 되어서 클레오파트라가 호언했다.

"지금까지의 연회 비용이라야 별로 대단한 것이 못 되지요. 그러나 지금부터 저 혼자서 1만 쎄스테르치아를 금세 써 버리는 장면을 여러분들에게 보여 드리겠어요."

여왕은 온몸에 보석을 장식하고 있었는데, 특히 양쪽 귀에는 거대한 진주가 드리워져 있었다. 여왕은 술잔에 식초를 담아 오도록 명령했고, 시종이 그것을 가져다 그녀 앞에 바치자 여왕은 재빠르게 한쪽 귀에서 진주를 떼어 내어 식초 속에

다이아몬드　　에메랄드　　진주

오팔　　토파즈　　터키석

에메랄드(5월), 진주(6월), 루비(7월), 마노(8월), 사파이어(9월), 오팔(10월), 토파즈(11월), 터키석(12월)

떨어뜨렸다.

모두가 깜짝 놀라 숨을 죽이면서 지켜 보는 가운데, 클레오파트라는 이 물을 한 번에 쭉 마셔 버렸다. 그리고는 계속해서 다른 한 쪽 귀에서 진주를 떼어 내어 식초에 녹인 후 마셨다.

이 때 내기의 심판 플랑쿠스는 당황하여 여왕의 행동을 가로막으며,

"승부는 이미 끝났습니다. 내기는 여왕의 승리요."

라고 선언했다.

이 진주와 식초 이야기는 플리니우스가 기록에 남겼으며, 널리 사실로 받아들여지고 있다.

## ● 진주는 식초에 녹는가

클레오파트라와 진주 이야기를 적은 플리니우스는 또 약의 처방도 많이 썼다. 그 중에 통풍을 고치는 약이 있었는데, 거의 값어치가 없는 작은 진주를 식초에 녹여서 만든 것이었다. 이 때 반드시 진주를 먼저 가루로 잘게 빻은 다음에 식초에 녹였다.

진주에서 얻어지는 가루는 주로 탄산칼슘으로 되어 있고, 이것은 식초를 포함한 모든 산에 녹는다. 그 밖에 식초에 녹지 않는 회분도 조금은 포함하고 있다.

그러나 낟알 그대로의 진주는 표피에 싸여 있고 이 표피는 마셔도 해를 주지 않을 정도의 약한 식초에서는 몇 초 동안에는 녹지 않는다.

그러므로 클레오파트라가 식초 속에 진주를 넣었을 때 그녀가 목적한 대로 쉽사리 녹았다는 것은 믿기 어렵다. 이에 대한 진상을 그럴 듯하게 설명한 기록이 몇몇 나와 있다.

그 하나는 당시의 화학 지식을 많이 갖고 있던 클레오파트라가 진주를 녹일 수 있는 어떤 물질을 연회가 시작되기 전에 미리 식초 속에 타 놓았을지 모른다는 것이다. 그러나 이러한 주장을 한 사람은 그 물질이 무엇인가에 대해서 구체적으로 말하고 있지 않다.

또 하나의 이야기에 의하면 클레오파트라가 흰색의 석회로 가짜 진주를 만들어 몸에 지니고 있다가 진짜 진주를 식초에 녹인 것처럼 교묘하게 속였던 것이라고 한다.

그러나 이러한 행동은 아무래도 여왕의 성품으로 미루어 보아 어울리지 않는 이야기라고 할 수 있다.

또 하나의 가능성은 여왕이 진짜 진주를 식초에 넣고서는

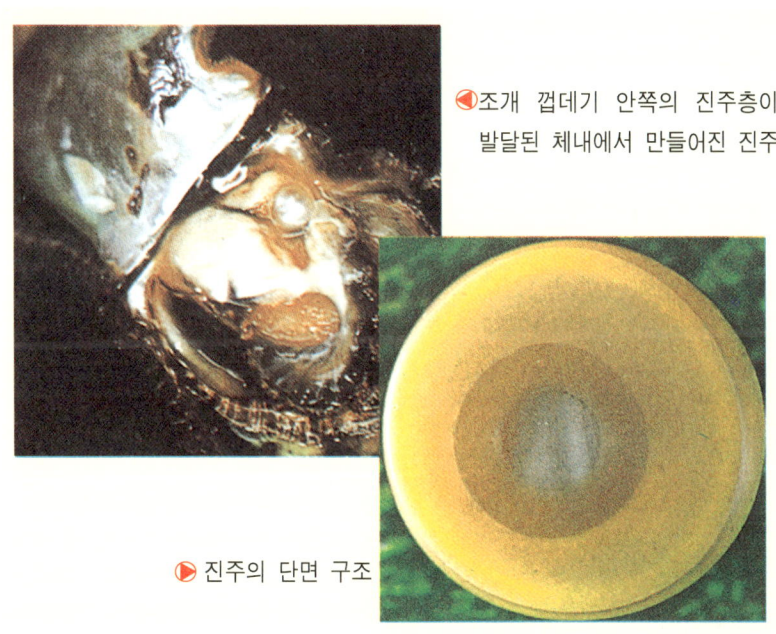

◀ 조개 껍데기 안쪽의 진주층이 발달된 체내에서 만들어진 진주

▶ 진주의 단면 구조

 정말로 녹은 체하면서 식초와 함께 알맹이를 통째로 삼킨 것이 아닌가 하는 것이다.
 클레오파트라의 진주 이야기는 너무나 많은 저술가들이 다루고 있으므로 문자 그대로 지어 낸 이야기라고 하기는 어렵다. 실제로 어떤 저술가는 그 때에 남은 또 하나의 진주의 후일담까지 써 놓고 있는데, 이 진주는 로마로 가져가 두 개로 쪼개어 비너스 상의 귀걸이에 사용했다고 한다.


● **토머스 그레셤과 진주**

 이것과 매우 비슷한, 진주를 식초나 포도주에 녹인 이야기가 엘리자베스 시대의 믿을 수 없을 만큼 부자였던 귀족 토머스 그레셤에 관한 일화 속에도 있다.

1564년 그레셤은 런던에 큰 건물을 지어서 상인들이 기분 좋게 장사를 할 수 있도록 해 주었다. 그 때까지만 해도 런던의 상인들은 비바람을 피할 곳조차 없는 좁은 거리를 왔다갔다 하면서 상담(商談)을 나누며 거래를 하지 않으면 안 되었다.

　그레셤이 세운 이 웅대한 건물은 1571년 엘리자베스 여왕의 손으로 개장되었다. 이 날 여왕은 귀족과 대신들을 거느리고 토머스 그레셤과 식사를 함께 했다. 식사는 그의 거대한 부와 호화스러움에 어울리는 것이었다.

　그러나 식사가 끝날 무렵의 마지막 축배야말로 사치 중의 사치라고 할 만한 것이었다. 그레셤은 테이블 위에 훌륭한 진주 알을 하나 올려 놓고 이것을 가루로 만들어서 자기의 포도주에 넣은 다음, 일어나서 여왕의 건강을 축복하며 기원하는 건배를 했던 것이다.

　그런 다음에 여왕은 그레셤과 대신들을 거느리고 새 건물 안을 두루 둘러보았다. 여왕은 구석구석까지 시찰하고 나서 전령관에게 나팔을 울리도록 명령하였다. 그리고는 이후 이 건물의 이름을 '왕립 거래소'라 부르도록 선언하였다.

　이 개장식의 일들을 적은 어느 기록에도 이 사실들은 실려 있지 않고, 또 믿을 만한 당시의 역사책 어디에도 이 일들은 전혀 언급되어 있지 않다.

　다만 실제로 진주 사건을 말하고 있는 것은 그 연회의 정경을 묘사한 어떤 희곡 속에만 있다.

　"이리하여 단숨에 1,500파운드가 사라지고 그레셤은 설탕 대신에 진주로써 여왕의 건강을 축복하며 축배를 들었노라."

# 인류 최악의 무기

# 수도승과 화약

### ● 우연한 사건이 낳은 발견

 베르톨트 슈바르츠는 프란치스코회의 수도승으로서, 14세기 무렵 독일의 뉘른베르크 또는 프라이부르크에 살고 있었다.
 그의 생애에 관해서는 확실한 것이라곤 아무것도 알려져 있지 않다.
 베르톨트는 수도원 부근에 사는 주민들을 위해서 언제나 환자들에게 약을 조제해 주고 있었다.
 어느 날 그는 황과 초석(질산칼륨)과 숯을 섞은 약을 만들고

있었다. 아마 그는 이것들을 유발(약을 갈아 가루로 만드는 그릇)에다 차례차례로 넣어서 가루로 빻은 다음 조심스럽게 섞었을 것이다.

그는 유발에다 그것을 넣은 채 커다란 둥근 돌을 뚜껑 대신 그 위에 얹어 두고 그대로 내버려 두었다.

얼마 지나서 날이 어두워졌으므로 등불을 켜야겠다고 생각했다. 그가 부싯돌을 탁탁 쳤더니 불꽃이 몇 개 튕겨서 유발 속으로 튀어 들어갔다. 그러자 그 속에 있던 것에 불이 붙으면서 순식간에 '꽝!' 하는 요란한 소리와 함께 돌은 무서운 힘으로 튕겨 올라가 지붕을 뚫고 밖으로 내동댕이쳐졌다.

베르톨트가 극심한 충격에서 깨어나 정신을 차리고 주위를 살펴보니 유발 속은 텅 비어 있었고, 머리 위의 지붕에는 돌이 꿰뚫고 나간 커다란 구멍이 뚫려 있었다.

1743년에 출판된 독일의 한 책에는 이 사건의 뒷이야기가 실려 있다. 그것에 의하면 베르톨트는 돌을 그처럼 굉장한 힘으로 튕겨 올린 이상한 물질의 성질을 자세히 밝혀 내려고 생각하였다. 그리하여 먼저와 같은 혼합물을 다시 만들었다.

이 독일의 저자는 다음과 같이 적고 있다.

'그 다음 그는 이 가루의 힘을 알아보려고 미련하게도 가죽으로 만든 자루에 그것을 채우고, 자루 위에 서서 가루를 뿌려 길다란 도화선을 만들어 이것을 이용해서 불을 붙였다. 지각 없는 이 실험 결과 폭발로 말미암아, 그는 몸이 날아가서 머리가 천장에 부딪히며 산산조각이 났다.'

이 부분은 꾸며 낸 이야기인 것이 거의 틀림없다. 두꺼운 지붕을 파괴할 만큼 센 힘으로 돌이 튕겨 올라가는 현상을 목격한 사람이 그러한 어리석은 실험을 했을 리 없기 때문이다.

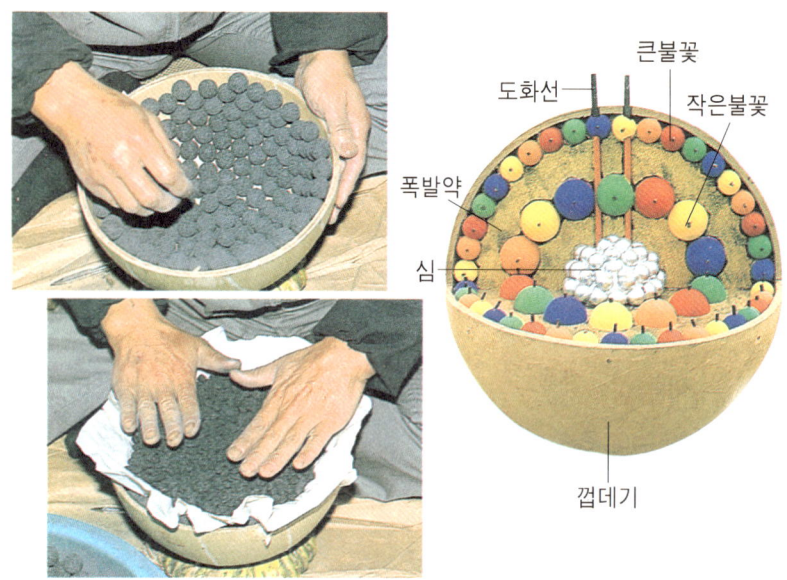

🔺 불꽃놀이에 쓰이는 화약

 돌이 수도원의 지붕을 뚫고 튕겨 나갔다고 하는 이 우연한 사실로부터 베르톨트는 전쟁에서 화약을 사용하여 돌을 던진다는 아이디어를 생각해 냈다. 그는 이 아이디어를 실현하는 연구를 시작했으나 처음에는 유발, 또는 모양은 비슷하나 더 작고 길쭉한 어떤 것을 사용했을 것이라고 믿어지고 있다. 그 바닥에 초석, 황, 숯을 섞은 화약을 넣은 다음 위에다 커다란 돌을 얹었다. 화약에 불을 붙이자 돌은 튕겨져 나갔다.

 그러나 이러한 화기로서는 설사 유발의 입구를 목표물에 맞게 겨냥했을지라도 적중하지는 않았을 것이다. 그래서 이윽고 작달막한 유발 대신에 길게 구멍 뚫린 쇠통이 사용되게끔 된 것 같다. 물론 이 쇠통은 한쪽 끝을 막아 여기에 화약을 채워 넣을 수 있도록 하고, 또 작은 구멍을 뚫어 놓고 여기에서 화약에 불을 붙일 수 있도록 하였던 것이다.

🔴 불꽃놀이에 쓰이는 화약 속에는 여러 가지 화공 약품이 들어 있다.

그 무렵 쇠로 주조하는 방법은 알려져 있지 않았다. 그러므로 통이라고 해도 마치 널빤지를 짜서 물통을 만들듯이 강한 쇠막대기를 통모양으로 짜서 묶고 통테를 단단히 졸라매서 보강한 것이라고 생각된다. 그로부터 훨씬 뒤에 가서야 통은 놋쇠나 쇠를 사용해서 한 몸통으로 한꺼번에 주조하게 되어 대포라고 불리게 되었다.

## ● 화약과 대포의 발달

베르톨트가 이러한 대포를 발명했다고 믿어도 좋을 만한 증거는 많이 있다.

단, 이야기에 있는 것처럼 이 유발 속의 우연한 폭발이 계기가 되었는지도 모른다. 그러므로 그 가능성까지 전혀 부정해 버릴 수는 없다. 그 까닭은 몇 세기에 걸쳐 어떤 모양의 대포가 모르타르라는 이름으로 불리워졌기 때문이다.

이 대포의 모양은 어쩌면 화학자가 사용하고 있는 유발의 모양이 그 기원이 되었는지도 모른다. 즉 포신이 짧고 그 모양이 두꺼우며 포구는 대단히 넓어서 아주 큰 각도를 향해서 탄환을 발사했다. 아래의 그림은 중세기의 인쇄물을 근거로 한 것인데 4개의 모르타르가 높은 요새의 성벽을 넘어서 안으로 탄환을 쏘아 넣고 있는 모양을 보여 준 것이다.

구르만이라는 대포학의 전문가는 1354년 5월 17일자 프랑스

🔴 성벽 너머로 탄환을 쏘는 중세의 '모르타르'

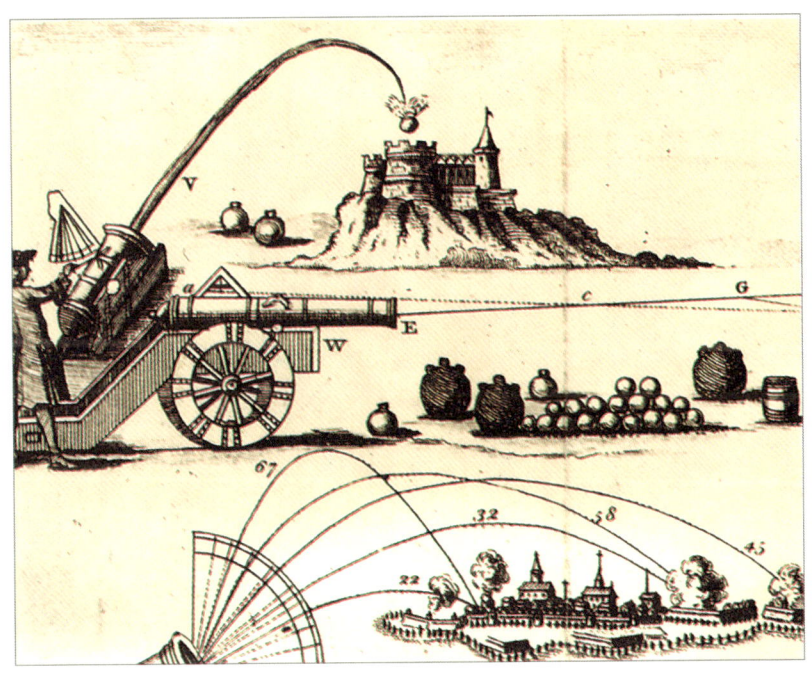
🔺 대포로 요새의 성벽을 겨냥해 탄환을 쏘아 넣고 있다.

조폐국의 공보를 인용하고 있다. 이것에 의하면 프랑스 국왕은 대포가 독일에서 베르톨트 슈바르츠라는 수도승에 의해서 발명되었다고 명백히 언급한 다음, 조폐국장에게 대포를 만드는 데 어떤 금속이 필요한가를 조사하라고 명령했다고 한다.

베르톨트는 대포가 최초로 출현한 다음 3, 40년 후까지도 살고 있었다. 다른 역사가는 '그러므로 그가 최초의 발명자라는 것은 의심스럽다.'라고 말하고 있으나, 한편 베르톨트가 '포술의 전문가'였을는지도 모른다는 가능성은 인정하고 있다.

전쟁에 화약이 도입된 결과, 전쟁 방법에는 커다란 변화가 일어났다. 특히 1500년경, 휴대용 화기가 사용되기 시작하고부터는 매우 격심해졌다.

이전의 전쟁에 쓰인 석궁이나 성곽을 깨뜨리는 망치 같은 것들은 훨씬 강력한 무기로 대체되었다. 초기의 대포 중에서 가장 유명한 것 중의 하나는 마호메트 2세가 1453년 콘스탄티노플의 포위 공격에 사용하였던 것이다.

전설에 의하면 그것은 300킬로그램 이상이나 되는 돌을 수백 미터까지 던질 수 있었고, 그 힘은 돌이 땅에 떨어졌을 때 2미터 되는 깊이로 파묻혀 버릴 정도였다고 한다. 이 대포를 끄는 데는 30량의 마차를 연결하고 60필의 황소가 끌었다. 양쪽에 각각 2백 명의 병사가 열을 짓고 대포가 옆으로 쓰러지는 것을 방지하고, 앞에는 250명의 일꾼들이 앞서 가면서 대포가 지나갈 길을 미리 평평하게 닦고 다리를 수리했다.

콘스탄티노플 시는 이 포위 공격을 방어하기 위해서 세 겹의 두꺼운 성벽으로 주위를 둘러쌌으나 '세계 최초의 포병 대장' 마호메트는 이와 같은 거대한 대포를 사용하여 아주 간단히 콘스탄티노플을 함락시켰다.

🔺 대포를 쏘아 공격하는 병사들

🔻 화약은 전쟁에 사용되어 많은 인명을 살상하고 건축물을 파괴 했다.

## ● 역사에 미친 영향

 화약과 대포가 쓰이게 되면서부터는 전쟁을 좋아하는 대귀족들의 영향력도 점차 줄어들었다. 총포와 화약은 매우 값이 비싸므로 개인적으로 사설 군대를 유지할 만큼 여유 있는 영주는 거의 없었다.

 영국이나 그 밖의 많은 나라들에서는 국왕, 나중에는 의회가 세금이나 국고 수입을 재정상의 배경으로 해서 군대를 지배하게 되었다.

 또 '문명국'이 토착민들과 전쟁했을 때도 화약의 사용이 크게 도움이 되었다는 것은 거의 의심할 여지가 없다. 예를 들어, 16세기에 스페인사람들이 순식간에 남아메리카를 정복했는데, 그 주요 원인은 그들이 총포와 화약을 사용한 때문이었다.

이러한 무기들에 대해 원주민들의 활이나 창 따위는 거의 아무런 소용도 없었다.

흥미 깊은 일로는 처음으로 화약이 쓰이게 되었을 무렵 비난의 소리가 들끓었다는 사실이다. 예를 들면 이러한 일이 있었다.

이탈리아는 화약의 사용을 '정정당당한 싸움에의 명백한 위반으로서 고발했다.' 또 옛날 기질의 기사들은 '악랄한 초석(질산칼륨)'에 대해서 또 새로운 '기사답지 못한 투쟁 방법'에 대해서 크게 항의했다.

1500년경 유명한 어떤 저술가는 당시 많은 사람들의 생각을 요약해서 다음과 같이 말하고 있다.

"그러나 인간을 파괴하기 위해서 고안된 모든 것 중에서 가장 극악 무도하고 비인도적인 것은 대포이다. 이것은 이름조차 알 수 없는 한 독일인에 의해 발명되었다…… 이러한 발명에도 불구하고 그는 이름이 알려지지 않는 요행을 얻었다. 만일 그렇지 않았다면 그는 이 혐오할 발명으로 해서 이 세상이 존속되는 한 두고두고 저주받고 혹평을 받을 것에 틀림없다."

이러한 이유로 해서 16세기에도 역시 새로운 파괴 무기의 출현은 놀라움과 괴로움, 비난을 불러일으켰다. 그것은 오랜 뒤인 1915년에 독가스가 처음으로 사용되었을 때나, 1945년에 원자 폭탄이 출현했을 때도 똑같이 많은 사람들로부터 비난을 받았다.

# 4

## 두 발명가에 관한 대립된 주장

## 안전등의 발명

### ● 탄갱의 등

 석탄을 캐내는 일은 예나 지금이나 대단히 위험한 일이다. 낙석으로 사상자가 생길 뿐만 아니라, 갱내 가스는 석탄층의 갈라진 틈새로 바람 소리를 내면서 센 압력으로 뿜어 나온다.
 갱내 가스와 그 부피의 4~12배가 되는 공기의 혼합물은 불이 붙으면 폭발한다. 가장 폭발하기 쉬운 것은 가스 1과 공기 7~8의 비율로 섞인 것이다.
 가스 부피의 12배보다 많은 공기가 섞인 물질은 푸르스름한 불꽃을 내며 서서히 탄다.
 광부가 캄캄한 갱내에서 일하려면 불빛이 필요하다. 오랫동안 초가 사용되어 왔지만 초를 가지고 들어갈 수 있는 곳은 갱내의 가스와 공기의 비율이 폭발을 일으키지 않는 범위까지였다. 탄갱 안에서 그냥 불을 사용하는 것은 언제나 위험한 일이었다.
 바다 가까이에 있는 탄갱에서는 재미있는 등불을 사용했다. 어떤 물고기의 비늘은 캄캄한 곳에서 빛을 내는 이상한 성질을 가지고 있다. 그래서 광부들은 나무판에 이 비늘을 말려서 갱내로 가지고 들어갔다. 비늘이 내는 약한 빛으로 희미하게나마 주위를 밝힐 수 있었다.
 1740년경 화이트헤이븐 탄광의 기사로 있던 스페딩이라는 사람이 불꽃을 만드는 '부시와 스틸 밀'이라는 조명기를 발명

🔴 탄광에서 SD 채탄기로 능률적으로 안전하게 채탄하는 광경

했다. 이것은 가스와 공기의 혼합 비율이 폭발을 일으키지 않는 곳, 다시 말하면 촛불로는 폭발을 일으키나 불꽃 정도면 폭발이 일어나지 않는 곳에서 사용할 수 있었다. 한 마디로 말해서 이 '스틸 밀'은 우툴두툴한 강철로 둘레를 만든 회전판에 부싯돌을 붙인 것이었다. 회전판을 손으로 빨리 돌려 우툴두툴한 둘레를 부싯돌에 마찰시키면 불꽃이 일어난다. 최근에는 같은 방법이 담뱃불을 붙이는 라이터에 응용되고 있다.

## ● 데이비, 안전등 발명

1813년에 '탄갱 사고 예방 협회'가 결성되어 잉글랜드 북부의 많은 유력한 사람들이 회원이 되었다. 회원 중에는 목사 존 호지슨이 있었다. 그는 채탄에 관해 잘 알고 있었고 협회에 특별한 관심을 갖고 있었다. 특히 근처 탄갱에서 90명 이상이 죽은 큰 사고가 일어난 다음부터는 더욱 관심을 갖게 되었다.

1815년 호지슨은 잉글랜드 북부를 여행하고 있던 유명한 과학자 데이비를 만나 탄갱의 안전 장치에 관해 토론했다.

이 자리에서 데이비는 이 문제에 흥미를 갖게 되고 몇 달

뒤에는 안전등을 발명하기에 이르렀다. 이 안전등은 불붙은 심지를 가는 철사 그물로 둘러싼 것이어서, 그물 사이를 통해서 연소에 필요한 공기가 들어가고 연소에서 생긴 배기 가스도 나올 수 있게 되어 있었다. 그러나 불꽃은 그물 사이를 통과할 수 없기 때문에 바깥 갱내 가스와 공기의 혼합물에는 불이 붙지 않는다.

훨씬 뒤에는 이 그물의 제일 밑부분을 유리 원통으로 바꾼 것이 만들어졌다. 데이비는 처음 만든 안전등을 호지슨에게 보내서 엄격하게 시험해 줄 것을 부탁했다.

첫번째 시험은 탄갱으로부터 갱내 가스를 빼내는 철관 입구

에서 실시했다. 안전등이 밝게 켜졌는데도 폭발은 일어나지 않았다. 호지슨은 다음에는 갱 안의 환기가 잘 되는 곳에서 시험을 해 보았는데 여전히 안전했다. 이것으로 그는 용기를 얻어 매우 위험한 실험에 착수했다. 이에 관해 그의 전기에는 이렇게 적혀 있다.

『안전등의 안전성에 관한 의혹을 없애기 위해 그는 자신이 직접 들고 갱 안에서 환기 상태가 극히 나쁜 곳(촛불을 켜고 일하는 것이 위험하다고 생각되는 곳)으로 갔다. 거기서 한 광부가 스틸 밀의 빛을 이용해서 석탄을 캐고 있었다. 그 광부는 앞으로 일어날 일에 대해서 전혀 모르고 있었다. 다만 혼자서 큰 위험이 도사리고 있는 공기 속에 삶과 죽

🔴 갱 안에서 안전등을 켜고 채탄하는 광부들

🔴 갱 안에는 폭발성이 강한 가스도 있다.

음의 가운데쯤에 있었다.

그 때 그 광부는 저 편에서 불빛이 점차 자신을 향해 가까이 오고 있는 것을 보았다. 아마도 촛불같이 보였을 것이다. 촛불을 갖고 오면 그 자신도, 또 촛불을 갖고 오는 사람도 한 순간에 사라져 버릴 것을 그는 잘 알고 있었다.

"촛불을 꺼라!"

그는 크게 소리쳤다. 그 소리는 거의 비명에 가까웠다. 그래도 그 사람은 불을 가지고 한 마디 대꾸도 없이 다가왔다. 마침내 그는 제발 부탁이라고 애원했다.

드디어 그 앞에 용감하고 사려 깊은 한 사람이 걸음을 멈추고 그를 바라보았다. 그는 말은 없었으나 마음 속 깊이 기쁨에 가득 찬 얼굴을 하고 있었다. 광부는 그를 잘 알고

있고 존경도 하고 있었다.

4년 전 무서운 탄갱 폭발이 있었을 때 동료 광부 90여 명의 시체를 묻어 준 사람이었다. 그는 온화한 미소를 지으면서, 과학의 승리이며 또한 앞으로 광부들을 보호해 줄 등불을 들고 있었다」

수개월 후 호지슨은 데이비에게 다음과 같이 보고했다.

"안전등에 관해서 일반 광부들은 매우 재미있고 이상한 말들을 하고 있습니다. 그들은 이 안전등을 무슨 초자연적인 이상한 것으로 보는가 하면, 반대로 보통의 인과 법칙에 따른 것이라고 주장하는 등 의견이 갈라져 있는 것 같습니다."

## ● 스티븐슨도 안전등을 만들다

이보다 몇 해 앞서 조지 스티븐슨(1781~1848년)이라는 가난한 기계공이 갱내 가스에 관한 실험을 되풀이하고 있었다.

그는 데이비가 안전등에 관해서 아직 공식적으로 발표하기 전인 1815년 10월 21일 첫번째 모델을 실험했으며, 11월 4일에는 두 번째 모델을 실험했다. 11월 30일에는 세 번째 모델을 만들어 실험했다. 그의 실험 상황은 다음과 같이 기술되고 있다.

그는 무디와 우드라는 두 사람과 함께 가장 폭발의 위험성이 큰 갱도로 들어갔다. 가스가 탄층의 표면에서 '슈슈' 하는 소리를 내며 뿜어져 나왔다. 그들은 가스를 내뿜고 있는 갱도를 판자로 둘러싸서 그 속의 공기가 이 실험을 하는데 알맞도록 폭발성 가스 상태로 만들었다.

🔺 스티븐슨(George Stephenson:1781~1848)—유리 원통 속에 불꽃을 넣고 구멍 뚫린 철판 으로 덮는 안전등을 만들었다.

한 시간 뒤에 스티븐슨이나 우드보다 갱내 가스에 관한 경험이 있는 무디가 판자 안으로 들어갔다. 판자 안으로 들어갔다 나온 그가 스티븐슨에게 말했다.

"공기의 냄새로 보아 불을 켠 초를 들고 들어가면 영락없이 폭발할 것이오. 만일 가스에 불이 붙으면 우리들 자신은 물론 갱도에 엄청난 위험이 미칠 겁니다. 그러니 이 실험을 중단해야만 합니다."

그의 말은 아주 단호했고 한 마디로 목숨을 보장할 수 없다는 경고 그 자체였다.

그러나 스티븐슨은 자기 램프의 안전성을 믿는다고 우기면서

🔺 채탄장에 쌓여 있는 석탄—석탄은 아주 오랜 옛날 번성했던 식물들이 땅 속에 묻혀 탄화된 것이기 때문에 그 근원은 태양 에너지라고 할 수 있다.

🔺 현대화된 탄광촌의 모습

심지에 불을 붙인 다음 램프를 들고 판자 안으로 대담하게 들어갔다. 다른 두 사람은 겁나기도 했지만 램프의 안전성을 그다지 믿지 않았기 때문에 가스가 뿜어져 나오는 소리가 들리는 곳까지 가서는 머뭇거렸다. 둘은 겁을 먹고 램프가 보이지 않는 곳으로 피했다.

 스티븐슨은 불을 켠 램프를 들고 그 위험한 곳으로 곧바로 들어갔다. 그는 램프를 가스가 뿜어져 나오는 곳까지 가까이 들이댔다. 램프의 불꽃은 처음에는 밝아지더니 차츰 가물가물하다가 아주 꺼지고 말았다. 그러나 폭발은 일어나지 않았다.

◀ 스티븐슨이 발명한 안전등—탄광에서 쓰기 위해 만들었다. 불이 붙는 심지 주위가 철망으로 둘러싸여 있어서 망의 틈새를 통해 필요한 공기가 들어올 수 있다. 또한 연소로 생긴 배기 가스도 빠져 나갈 수 있다. 반면에 불꽃은 망을 통과하지 못하므로 불이 번질 염려가 없다.

　이러한 몇 가지 실험을 통해서 그는 램프 개량의 필요성을 깨닫고 1815년 11월 30일에는 마지막 모델을 제작했다. 그리하여 마침내 폭발의 위험성이 없는 새로운 안전등을 만들어 냈다. 스티븐슨의 안전등은 데이비의 안전등과 달리 불꽃을 유리 원통 속에 넣고 그것을 구멍이 뚫린 철판으로 덮고 있었다.

# 5

# 두 청년, 일자리를 찾다

# 패러데이와 머독

## ● 마이클 패러데이의 어린 시절

영국의 물리학자이며 화학자인 패러데이(1791~1867년)의 어린 시절은 불우했다. 1791년 요크셔의 대장장이 한 사람이 런던으로 이주해 왔는데 그의 아들이 바로 마이클 패러데이였다.

패러데이의 아버지는 패러데이가 태어난 직후에 병으로 죽었다. 그는 가족에게 한 푼의 재산도 남기지 않았기 때문에 패러데이는 어려서부터 스스로 생활비를 벌지 않으면 안 되었다.

그는 13세 때 서점에서 심부름을 하게 되었다. 주로 하는 일은 신문 배달이었다. 당시 몇몇 신문은 독자들이 빌려서 읽는

◀ 패러데이
(Michael Faraday : 1791~1867)
영국의 물리학자. 화학자로 전기력선과 자기력선을 발견하였으며 전자기 유도 현상을 밝혀 냈다.

것이었다. 패러데이는 한 집에 신문을 배달하고 독자가 신문을 다 읽을 동안 기다렸다가 한 시간 뒤에 그 신문을 찾아서 다른 독자에게 배달하는 일을 되풀이했다.

1년 후, 그는 어느 제본소에서 일하게 되었다. 이 일은 그의 장래에 큰 영향을 주었다.

어린 패러데이는 노력가여서 제본할 때 자신의 손을 거치는 많은 책을 열심히 읽었다. 그 가운데 특히 한 권의 책이 그에게 강한 인상을 주었다. 그 책은 마셀 부인의 〈화학에 관한 회화〉로서 당시 화학 교과서로 널리 사용되었던 책이었다. 그 책은 패러데이가 과학에 흥미를 갖도록 만들었다.

그는 밤에 열리는 과학 강의에 나가 그 강의 내용을 자세히 노트에 적었을 뿐 아니라 이것을 제본해서 훌륭한 책으로 만들었다.

머지않아 그의 생애에서도 기념해야 할 날이 왔다. 손님 중의 한 사람이 그를 유명한 햄프리 데이비가 강연하는 4회 연속 과학 공개 강의에 데려다 주었다.

데이비는 당시 왕립 연구소에서 화학에 관해 알기 쉽고 재미있는 강의를 해서 상류 사회의 청중을 매혹시켰다.

패러데이는 강연 내용을 전부 노트에 적어서 그것을 다시 깨끗이 정리하였다. 그리고 책으로 제본하니 386쪽의 훌륭한 과학책이 되었다.

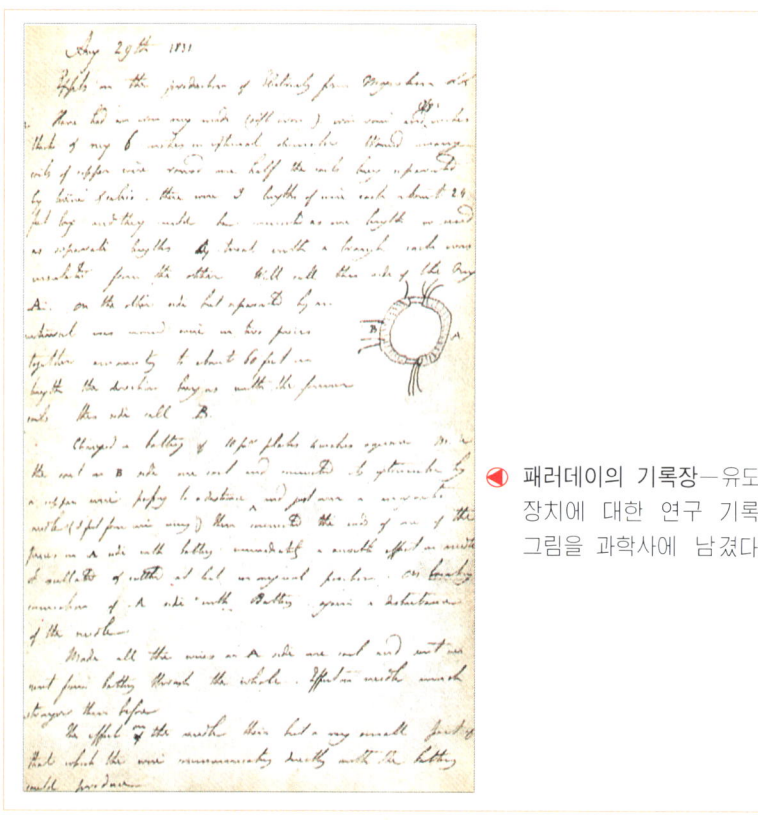

▶ 패러데이의 기록장—유도환 장치에 대한 연구 기록과 그림을 과학사에 남겼다.

◀ 전자기 유도 현상을 발견할 때 사용한 유도환. 철의 테두리에 전선을 감아서 만든 코일을 늘어놓고, 한 쪽 코일에 전류를 흐르게 하였다 끊었다를 반복하였다.

● **데이비에게 취직을 부탁하다**

그 뒤에 일어난 사건에 대해 패러데이는 다음과 같이 적고 있다.

"나는 내가 몸담아 온 장사는 악덕하고 이기적인 데 반해 과학은 그것을 추구하는 사람을 고매하고 자유롭게 만든다는 공상을 했다. 따라서, 나는 어떻게 해서라도 장사를 떠나서 과학에 몸을 바치고 싶다는 희망을 가졌다. 나는 마침내 햄프리 데이비 경에게 편지로 나의 소망을 솔직히 말하고, 기회가 있으면 나의 부탁을 들어 달라는 뜻을 간곡히 전했다. 편지와 함께 나는 그의 강의 노트를 부쳤다."

데이비가 이 편지를 받은 것은 1812년 크리스마스 직전이었다. 그는 때마침 찾아온 친구에게 이 편지를 보여 주며 이렇게 말했다.

"어떻게 하면 좋을까? 패러데이라는 청년이 편지를 보내 왔는데, 내 강연을 듣고 왕립 연구소에 고용해 달라는군. 혹시 무슨 일거리가 있을까?"

친구는 이렇게 대답했다.

"그 녀석에게 병 씻는 일이라도 시키게. 그 녀석이 쓸모 있는 사람이면 그것을 잘 해낼 것이고, 싫다고 하면 아무 쓸모도 없을 것일세."

그러자 데이비가 말했다.

"그건 안 돼. 좀더 나은 일로 그를 시험해 봐야 해."

데이비는 패러데이에게 흥미를 갖고 이 21세의 청년에게 친절하게 1월 말에 만나자는 약속을 했다. 이렇게 해서 패러데이는 데이비와 만났지만 데이비는 결원이 없으니 지금 일하는 직장에 그대로 있으라고 충고했다. 그리고 그는 과학은 '가혹한 여주인'이고, 금전적인 면에서 보면 '그녀에게 헌신하는 사람에게는 보잘것 없는 보답밖에는 없다.'고 말했다. 대신에 그는 패러데이에게 자기가 출판하는 책의 제본을 전부 맡기겠다고 약속했다.

### ● 패러데이, 왕립 연구소에 고용되다

패러데이는 과학자가 되려는 자신의 노력이 수포로 돌아가는가 하고 크게 실망했다. 그러나 그 후 아무도 예측하지 못했던 좋은 기회가 그를 찾아왔다.

1813년 초 왕립 연구소의 실험실 사환으로 일하던 윌리엄 페인이 출세하여 기구 제작자 뉴먼의 조수가 되었다. 그의 일은 장치물을 청소하고 수리하는 것이었다.

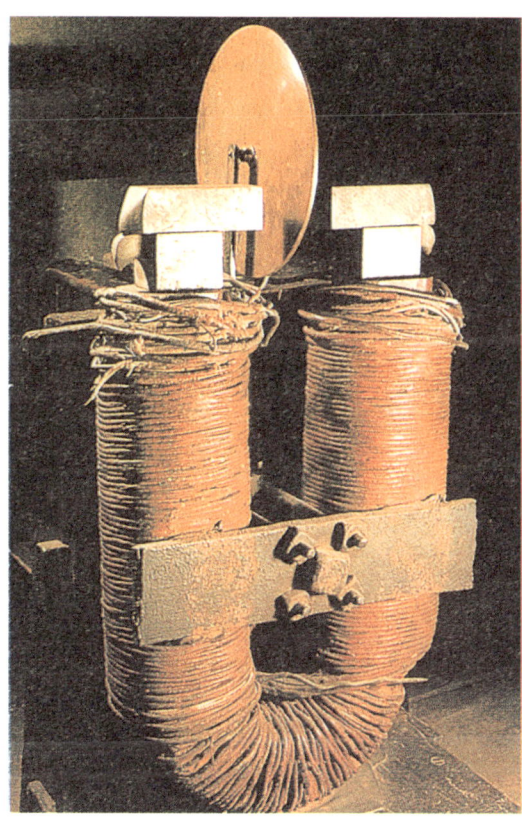
◀ 패러데이가 만든 U자형 전자석

　페인과 뉴먼은 마음이 맞지 않았다. 어느 날 밤 관리인이 강의실에서 큰 소리가 나는 것을 듣고 급히 들어가 보니, 두 사람이 심한 말싸움을 하고 있었다. 뉴먼이 페인에게 의무를 게을리한다고 책망하니까 페인이 뉴먼을 한 대 쳤다. 관리인은 싸움을 말리고 뒤에 그 사건을 이사들에게 보고했다. 그 결과 페인은 파면되었다. 그래서 데이비는 젊은 패러데이가 일자리를 원했던 것을 생각하고, 빈 자리를 그에게 주기로 결정했다.
　패러데이가 채용되었다는 소식을 듣게 된 경위는 약간 극적인 데가 있다.

🔺 런던 왕립 연구소에 있는 패러데이의 화학 실험실

어느 날 밤 패러데이가 웨이머스 가에 돌아와서 옷을 벗고 있을 때 문을 두드리는 소리가 들렸다. 밖에 나가 보니 마차가 서 있고 마부가 내려 편지를 전했다. 그 편지는 데이비 경이 보낸 것이었다. 내일 아침 왔으면 좋겠다는 내용이었다.

다음 날 패러데이가 사무실을 찾아가니 데이비는 이전에 만났을 때 했던 이야기를 다시 강조하면서 그에게 의견을 물었다.

"지금도 그 때 생각과 다름이 없다면 왕립 연구소의 실험실 조수가 되지 않겠소? 보수는 1주일에 25실링이고, 건물 옥상에 있는 인접한 두 개의 방을 줄 수 있소."

패러데이는 기꺼이 이 제의를 받아들였다. 그의 일과는 다음과 같았다.

강의 전의 준비와 강의 중 교수나 강사의 조수로서 돕는 일,

기구나 장치가 필요할 때 그것들을 모형실이나 실험실로부터 강의실로 조심스럽게 옮기고 사용 후 잘 씻어서 제자리에 가져다 놓는 일, 수리를 해야 할 때나 사고가 났을 때 이사에게 보고하는 일, 적어도 한 달에 한 번 모든 유리 상자 안에 있는 기구의 먼지를 터는 일 등등.

패러데이는 자신에게 맡겨진 일을 열심히 했다. 그리고 얼마 안 가 데이비나 다른 사람들에게 더 나은 일을 할 수 있는 능력 있는 사람으로 인정받게 되었다.

그는 순조롭게 승진해서 12년 뒤에는 햄프리 데이비의 뒤를 이어 왕립 연구소의 실험실장이 되었다. 패러데이는 그 후 40년 동안 이 곳에서 혁혁한 과학 연구를 해냈고, 인류에게 영원한 이익을 가져다 주었다.

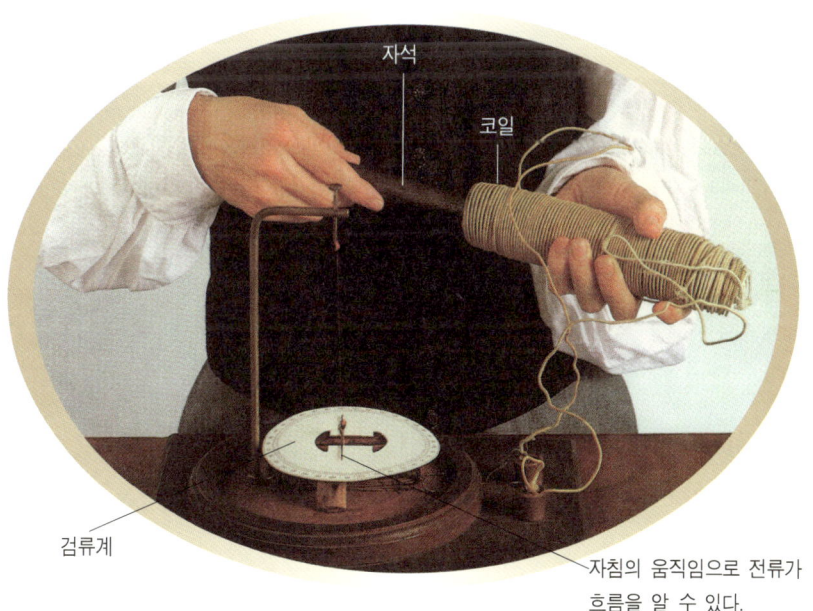

🔴 전자기 유도의 유도 전류—둥근 코일 속에 자석을 넣었다 뺐다 하면 검류계의 바늘이 움직인다.

## ● 머독, 와트의 공장으로 가다

윌리엄 머독(1754~1839년)이라는 청년 기술자가 고용된 경위는 마이클 패러데이의 경우와 같이 아주 우연한 것이었다.

머독은 1754년 에셔의 작은 마을에서 태어났다. 그의 아버지는 물레방아 목수였다. 머독은 아버지를 닮아 손재주가 있었으며, 23세까지는 물레방아 목수로 일했다.

그는 어릴 때부터 질이 나쁜 석탄을 가열해서 가스를 만드는 간단한 실험을 하였다. 그의 이 같은 발명의 재질과 타고난 손재주가 곁들여져 그는 기계 기술을 일생의 직업으로 택하게 되었다.

🔺 제임스 와트

🔺 와트는 뉴먼의 대기압 증기 기관(오른쪽 위)을 수리하여 최초의 증기 기관차를 발명했다.

🔺 증기 동력을 이용한 차

　젊고 야심 많은 기술자에게 있어서 고향은 그의 야망을 펼치기에는 너무도 비좁았다. 그가 꿈꾸는 세계는 버밍엄에 있는 와트(1736~1819년)와 볼턴(1728~1809년)의 큰 공장이었다.
　머독은 버밍엄에 가서 진보적인 이 회사가 자기를 채용해 줄 수 있는지 알아보기로 했다. 그런 뜻을 친구에게 말했더니 다음과 같은 충고를 해 주었다.
　"자네 실크 햇(영국 신사들이 쓰는 모자)을 쓰고 가게. 남쪽에선 웬만한 청년들은 모두 그런 모자를 쓰고 있다네."
　그래서 머독은 실크 햇을 준비했다. 그는 이 모자를 쓰고 스코틀랜드에서 버밍엄까지 터벅터벅 걸어갔다. 역마차를 타고 싶어도 요금이 너무 비싸서 그의 주머니 사정으로는 도저히 감당할 수가 없었던 것이다.

## ● 볼턴, 모자에 주목하다

　공장에 도착하여 그는 제임스 와트에게 면회를 신청했다. 마침 그 때 와트는 외출 중이어서 볼턴의 사무실로 안내되었다. 처음에 볼턴은 취직을 부탁하는 머독의 말에 잘 대답도 하지 않았다. 당시는 불경기라서 빈 자리가 없었던 것이다. 그러나 볼턴은 인정 많은 사람이었으므로, 머독이 일자리를 찾아 멀리서 온 것을 알고는 가엾은 생각이 들어 이야기를 시작했다.

　머독은 시골에서 온 청년들이 대개 그렇듯이, 높은 사람과 마주 앉아 이야기를 하니 부끄러워서 어쩔 줄을 몰랐다. 그는 자신도 모르는 사이에 모자를 만지작거렸다.

볼턴은 그 모자를 보고서 그것이 보통 천으로 만들어진 것이 아님을 알아챘다. 아무래도 다른 재료로 만들어 색을 칠한 것같이 보였다.

볼턴과 와트의 전기를 쓴 스마일스는 그 뒤에 일어난 일을 다음과 같이 쓰고 있다.

"흠, 그 모자가 퍽 색다르군."

볼턴은 이렇게 말하면서 모자를 유심히 들여다보았다. 그리고는 머독에게 물었다.

"뭘로 만든 건가?"

"나무로 만든 것입니다."

볼턴이 대답했다.

"그게 나무로 되어 있단 말인가?"

"예, 그렇습니다."

"흠, 어떻게 나무로 만들었지?"

"제가 깎아서 만들었지요. 손으로 만든 연장을 돌려서요."

볼턴은 그 청년을 다시 보았다. 그의 점수는 단번에 몇십 점이나 껑충 뛰었다. 청년의 늠름한 모습이 정직해 보이고, 또 영리해 보였다. 그리고 자기가 만든 연장을 돌려서 나무로 모자를 깎았다는 것은 보통 기계공의 솜씨가 아님을 말해 주는 것이었다.

사람됨을 보는 눈이 날카로운 볼턴에게는 이것만으로도 충분하였다. 그는 눈앞의 청년이 타고난 기계공이라는 것을 확신했다.

머독은 그 자리에서 2년 간 고용 계약을 맺었다. 그 후 그는 승진을 거듭해서 마침내 어떤 기계 조작도 믿고 맡길 수 있는 지배인이 되었다.

# 6

# 적국 과학자에 대한 예우

# 과학자에 대한 존중

● 뱅크스의 편지

20세기에 일어난 두 차례의 세계 대전 중에 각국의 과학자들은 자기들이 갖고 있는 지식을 자기들 국가의 뜻대로 이용당했다. 그들은 중대 기밀이란 장막 뒤에서 여러 가지 연구를 실시했다. 예컨대 탱크의 발명과 제작, 독가스의 사용, 원자 폭탄의 제조 등이 그것이다.

물론 이 기밀은 몇백이나 되는 다른 계획에 대해서도 엄중하게 통제되어, 대전 중에는 적국의 과학자와는 통신이나

다른 연락의 길이 허용되지 않았다. 실제로 그런 연락을 하는 시도가 있었다면 그야말로 최고의 반역 행위로 간주되고 처벌되었을 것이 틀림없다.

그러나 적국의 동료 과학자에 대한 이런 태도가 어느 시대에나 반드시 그랬던 것은 아니다. 1803년에 씌어진 조지프 뱅크스의 편지가 그것을 증명하고 있다.

이 해 영국과 프랑스는 치열한 나폴레옹 전쟁을 치르던 때여서 양국 국민 사이의 적대적인 감정은 극도에 달해 있었다. 그 때 영국 왕립 협회 회장은 조지프 뱅크스(1743~1820년)였는데, 그는 자신과 같은 지위에 해당하는 사람인 프랑스 국립

연구소의 회장에게 다음과 같은 편지를 썼다.
 "내가 프랑스에 있는 영국인 학자들과 통신 연락을 가져도 그들을 정치적인 목적으로 이용하고 있다고 비난하지 말아 주십시오. 또, 명성과 영예를 가진 우리 나라의 신사들이 과학적 정보를 주거나 받을 목적으로 귀국을 방문해도 공적인 일을 할 때마다 스파이 행동을 했다는 오명을 쓰고 싶지는 않습니다. 만약 이런 일이 불가능하다면 나로서는 두 나라의 과학자들 간의 효과적인 의사 소통을 지속시킬 수 없게 될 것입니다."
 그러나 한창 전쟁 중일 때 조지프 뱅크스가 이렇게 프랑스와 연락하고 있는 것을, 모든 영국인이 호의를 가지고 본 것은 결코 아니었음을 덧붙여 두어야겠다.

## ● 프랭클린과 쿡 선장

북아메리카 식민지 사람들이 영국에 대해서 독립을 선언한 몇 해 뒤인 1779년에, 뱅크스는 자기 나라의 또 다른 적에 대해서도 감사의 말을 전했다.

그 때까지 식민지 미국과 모국인 영국 사이에는 여러 해 동안 전투가 계속되었기 때문에, 1779년 무렵에는 양쪽 국민 사이의 적의가 대단하였다.

미국의 약탈선(전쟁 중 적국의 상선을 나포하는 민간 무장선)이 영국의 선박을 습격했는데, 영국과 적대 관계에 있던 프랑스는 그들에게 기지를 제공해서 활동을 도왔다.

그런데 이 당시 1768년부터 1779년에 걸쳐 영국의 쿡(1728~1779년) 선장이 선단을 이끌고 남쪽 바다를 항해해서 오늘날

🔥 쿡(James Cook:1728~1779) — '캡틴쿡'이란 애칭으로 더 잘 알려진 과학·학술 탐험 선구자

🔻 쿡이 썼던 최신 항해 기구들

🔻 쿡이 타고 간 레절루션 호와 빙선

오스트레일리아의 새로운 육지를 탐험하고 있었다. 그는 벤저민 프랭클린의 친구이기도 했다.

프랭클린은 과학자일뿐만 아니라 미국의 지도적인 정치가의 한 사람으로서, 당시 그는 미국 대표로 프랑스 궁정에 파견되어 있었다. 다음에 소개하는 편지는 그가 1779년 3월 10일에 어떤 일을 했는가를 말해 주고 있다.

『현재 영국과 교전 중인 미국 의회의 위임을 받고
  행동하는 모든 무장선의 선장과 지휘관에게.

   여러분, 이 전쟁이 시작되기 전에 미지의 바다에 있는 새로운

나라들을 발견하기 위해 매우 유명한 항해자이고 탐험가인 쿡 선장의 지휘 아래, 영국에서 한 척의 배가 탐험에 나섰다. 이것 자체는 진심으로 칭찬할 만한 계획이라 할 수 있습니다. 왜냐하면, 지리에 관한 지식이 많아지면 유용한 산물과 제품의 교역에 있어, 멀리 떨어져 있는 나라 사이의 통신이 쉬워지고, 인간 생활에서 공통의 기쁨을 누리게 하는 예술이 확대되며, 다른 종류의 과학도 증대하여 인류 전체의 이익이 되기 때문입니다. 따라서, 이것은 여러분 한 사람 한 사람에게 진심으로 권하지만, 이 배는 머지않아 유럽의 바다로 돌아올 것이 예상됩니다. 만일 이 배가 발견됐을 때, 당신은 그들을 적으로 보지 말고, 그 배에 실려 있는 재물을 빼앗지 말고, 또 그것을 억류하든가 유럽의 다른 곳이나 미국으로 보내든가 함으로써 영국으로 돌아가는 것을 방해하는 일이 없도록 하십시오.

쿡 선장과 그 부하들을 정중하게 또 친절히 대하고, 인류애로써 그들이 필요로 하는 원조를 힘닿는 데까지 제공해 주시기 바랍니다. 그렇게 함으로써 당신 자신의 관대한 처사에 만족할 뿐 아니라, 의회와 다른 미국 선장들의 지지를 얻을 것임에 틀림없습니다.

여러분의 가장 충실하고 겸허한 공복이라는 영광을 가지면서.

프랭클린

1779년 3월 10일 파리 근방 파시에서.』

프랭클린은 이 편지를 자기 독단으로 보냈지만, 뒤에 영국 의회는 이것을 지지하기로 동의했다.

그러나 쿡 선장은 프랭클린의 통행증을 받기도 전에 이미

◀ 프랭클린
(Benjamin Franklin:1706~1790)
미국 보스턴에서 태어났고, 번개가 전기라는 것을 증명하고 피뢰침을 발명하였다.

새로 발견한 대륙의 원주민에 의해 살해되었다.

쿡 선장이 죽었다는 소식이 영국에 전해진 뒤, 프랭클린의 옛 친구인 호 경이 통행증 사건의 경위를 듣고 국왕에게 영국 해군성을 대신하여 프랭클린에게 쿡의 〈항해기〉 한 권을 보내자고 제의했다.

조지 3세는 마지못해 승낙했다고 한다. 그는 영국으로부터 미국이 독립하는 데 매우 적극적이었던 프랭클린에 대해서 나쁜 감정을 갖고 있었기 때문이다.

왕립 학회 회장 조지프 뱅크스는 이전의 탐험 항해에서 쿡과 행동을 같이 한 적이 있었다. 왕립 학회는 쿡의 항해를 기념하는 메달을 만들기로 했다. 그 중의 몇 개는 금으로 만들 것을 결정하고, 학회는 이 금메달 하나를 프랭클린에게 보내

◀ 쿡이 데려간 화가가 그린 마오리족 원주민 부부. 그들은 쿡의 코에 자기 코를 비벼댐으로써, 반가움을 나타냈다.

기로 하였다. 뱅크스는 즉시 그것을 프랭클린에게 보내면서 다음과 같은 메모를 동봉했다.

'귀하의 지휘 아래 있는 미국 무장선 전부에게 저 위대한 항해자를 낭패시키는 행동을 일체 삼가도록 명령한 귀하의 생각과 자유로운 감정을 우리들이 얼마나 진실로 존경했는가를 기념하기 위해서 이 메달을 보냅니다.'

● 나폴레옹과 제너

프랑스 황제 나폴레옹(1769~1821년)은 영국으로서는 대단히 무서운 적이었다. 그는 역사상 가장 위대한 장군으로서 전술이나 실전에 통달하였음이 널리 알려져 있다.

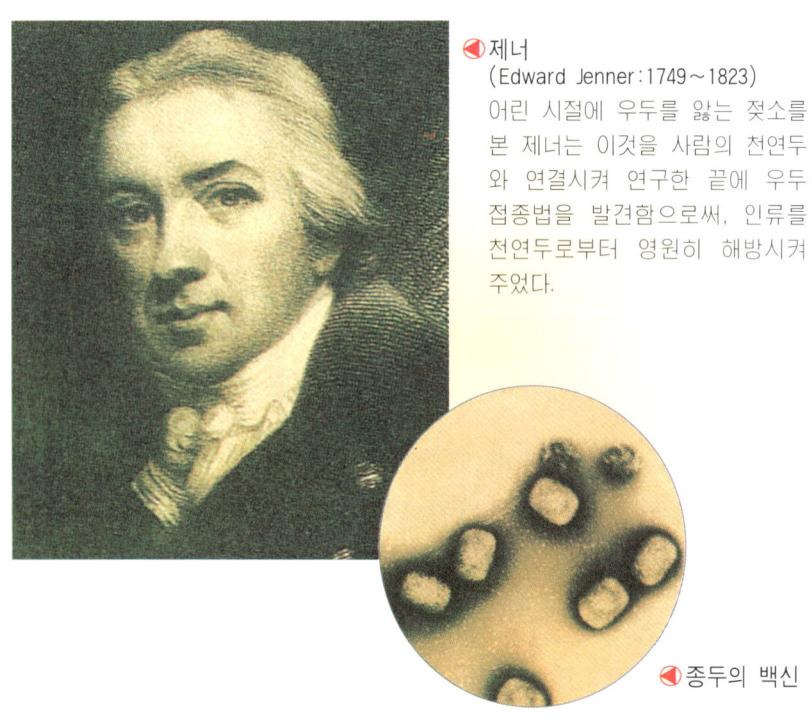

◀제너
(Edward Jenner : 1749~1823)
어린 시절에 우두를 앓는 젖소를 본 제너는 이것을 사람의 천연두와 연결시켜 연구한 끝에 우두접종법을 발견함으로써, 인류를 천연두로부터 영원히 해방시켜 주었다.

◀종두의 백신

🔴 우두 접종을 풍자한 그림

 따라서, 그가 적국의 비전투원과의 교제나 우정을 유지하려는 어떤 노력에 대해서도 못마땅하게 여겼을 것으로 생각할지 모른다. 그러나 그의 태도는 반드시 그렇지만은 않았다.
 나폴레옹은 의학에 깊은 흥미를 갖고 있었으며, 국민의 건강을 개선하는 새로운 발견이 이루어지면 언제나 면밀한 주의를 기울였다. 이에 관한 좋은 예로 제너(1749~1823년)가 종두법을 발견했을 때, 그는 이것이 국민을 위해서 가치가 있는 것으로 판단했던 사례를 들 수 있다.
 그는 자기의 어린 아들에게 종두를 맞힘으로써 새로 발명한 종두법에 신뢰를 나타냈고, 1809년에는 종두를 시행하라는 칙명을 내렸다.
 영국과의 전쟁이 시작된 지 1년밖에 안 된 1804년에 나폴레옹

훈장 중에서 가장 아름다운 훈장이 하나 만들어졌다. 그것은 황제가 종두의 가치를 인정한 것을 기념한 것이었다. 그와 동시에 그것은 제너에 대한 개인적인 경의를 표하는 의도도 있었다고 한다.

때마침 두 영국인이 인턴으로 프랑스에서 공부하고 있었는데 제너는 그들의 방면을 탄원했다. 나폴레옹은 그 탄원을 거절하려 했으나 그 때 황후 조세핀이 제너의 이름을 봐서 허락할 것을 간청했다.

황제는 한동안 말이 없다가,

"제너, 그 사람 소원이라면 거절할 수 없지."

라고 말하고 두 영국인 인턴에게 자유를 주게 했다. 제너의 전기를 쓴 베런은 나폴레옹에 대해 이렇게 쓰고 있다.

'혁혁한 승리에 빛나는 프랑스 혁명군의 총사령관으로서 파비아 시가 약탈당했을 때 스팔란차니(1729~1799년)의 천재에 대한 경의 때문에 파비아 대학을 약탈에서 지킨 그는, 야심의 절정에까지 올라간 무서운 여러 사건들에서도 과학이 당연히 주장해야 할 권리를 잊지 않았던 것을 입증한다.'

## ● 데이비 수상과 프랑스 방문

나폴레옹은 전쟁 중 또 한 사람의 영국인 과학자에게 영예를 주었다. 볼타가 전기를 얻는 화학적인 방법을 발명하고 얼마 되지 않아서, 나폴레옹은 해마다 전기에 관한 가장 뛰어난 실험 연구에 대해서 메달과 상금 3,000프랑을 준다고 발표했다.

1807년 영국과 프랑스가 전쟁을 하고 있었음에도 불구하고

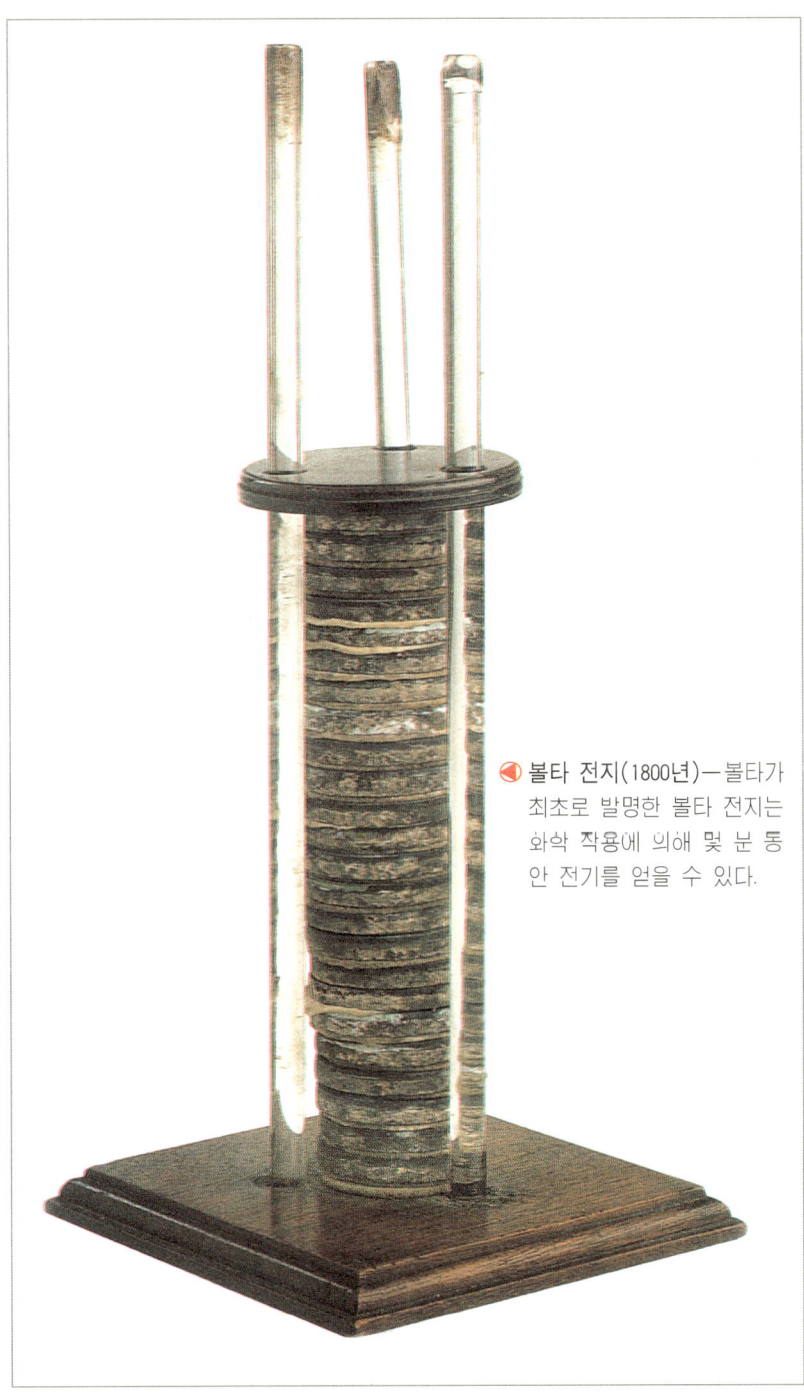

◀ 볼타 전지(1800년)—볼타가 최초로 발명한 볼타 전지는 화학 작용에 의해 몇 분 동안 전기를 얻을 수 있다.

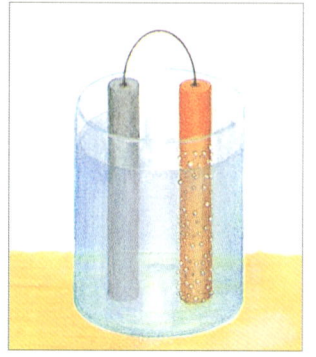

◀ 볼타 전지를 이용한 실험— 볼타 전지를 도선에 이으면 전기가 발생하고 있다는 것을 확인할 수 있다.

상금은 영국의 햄프리 데이비에게 주어졌다. 어느 저술가는 이렇게 평했다.

'이렇게 해서 볼타의 전지는 영국 화학자의 손에 의해, 영국의 대포 전부로서도 가져오지 못했던 것, 즉 영국의 우월성에 대한 마음 속으로부터의 존경을 영국 화학자의 손에 의해서 얻었다.'

데이비 자신은 이렇게 썼다.

'일부 사람들은 내가 이 상을 받아서는 안 된다고 말했다. 신문도 그런 취지의 우스꽝스런 글을 싣고 있다. 그러나 두 나라 또는 정부가 비록 전쟁을 하고 있다 할지라도 과학자들은 그렇게 해서는 안 된다. 만일 과학자들이 서로 전쟁을 한다면 그야말로 더욱 야만적이고 비참한 전쟁이 될 것이

다. 우리는 오히려 과학자의 힘으로 국가 간의 심한 대립을 해소시키고 싶다.'

후일 데이비는 프랑스 왕립 연구소의 1급 통신 회원으로 뽑혀 전쟁 중 프랑스를 방문했다. 이에 관한 다음과 같은 기록이 있다.

'프랑스 학자들이 이 영국의 자연 철학자를 맞이하여 포옹했을 때의 관대함과 꾸밈없는 친절은 일찍이 없었던 것이다. 그들의 행동은 과학이 국가 사이의 증오를 초월한 것을 말해 주었다. 그것은 천재에 대한 경의이고, 그것을 준 사람들에게나 받는 사람에게 있어서나 똑같이 칭찬해야 할 일이었다.'

햄프리 데이비는 만찬회에 초대되기까지 했다. 여기서 런던의

왕립 학회와 린네 학회를 위해 건배가 제의됐다. 이 모든 것이 프랑스와 영국이 전쟁을 하고 있던 중의 일이었다. 만찬회에서는 이런 일도 있었음이 기록에 나타나 있다.

'영국 손님에 대해서 가장 위대한 감정과 배려를 보여 준 것은 참석자들이 황제의 건강을 위해 축배할 것을 거부한 일이었다. 그 같은 거부는 그들의 신변의 안전을 상당히 위태롭게 하는 것이었다. 나중에 가서 나폴레옹이 그와 같은 불경한 행위에 대해서 얼마나 노할까 하는 적지 않은 우려가 있었다.'

그러나 나폴레옹은 이에 대해서 아무런 언급도 하지 않았으니 그의 과학에 대한 존중의 일면을 볼 수 있다.

# 7

# X선의 우연한 발견

#  X선의 발견

## ● 진공 방전의 연구

19세기 후반이 되자 많은 과학자들이 전기를 진공 속에서 방전시켰을 때 발생하는 특이한 현상에 관한 연구를 하게 되었다. 1879년의 크룩스관의 발명은 이런 연구에 도움을 주었다. 크룩스관은 긴 원통 모양의 유리관으로서 두 개의 전극을 넣어 봉한 것이다.

한 전극은 유도 코일을 거쳐 전지의 플러스 극에 연결되며,(이것을 양극이라 부른다) 다른 전극은 같은 경로로 전지의 마이너스 극에 연결된다(음극이라 부른다).

관의 작은 배기구에 진공 펌프를 장치하고, 이것을 작동시켜 관 속의 공기를 전부 빼내고 밀봉한다.

여기에 전류를 통하면 관의 벽이 엷은 초록빛으로 희미하게 빛난다. 과학자들은 이것을 '형광'이라고 불렀다.

윌리엄 크룩스(1832~1919년)나 몇몇 연구자들은 이 현상을 관찰하고, 형광은 어떤 선이 음극에서 나와서 관의 안쪽 벽에 충돌하여 발생하는 것으로 생각했다.

수년 후 레나르트(1862~1947년)는 음극선이 엷은 유리벽으로 가로막히는 데 반해, 알루미늄박은 통과한다는 사실을 발견했다. 이 점에 착안하여 그는 유리벽 일부에 알루미늄 창을 장치한 개량된 크룩스관을 고안했다.

레나르트는 음극선이 알루미늄박을 통과해서 공기 속으로

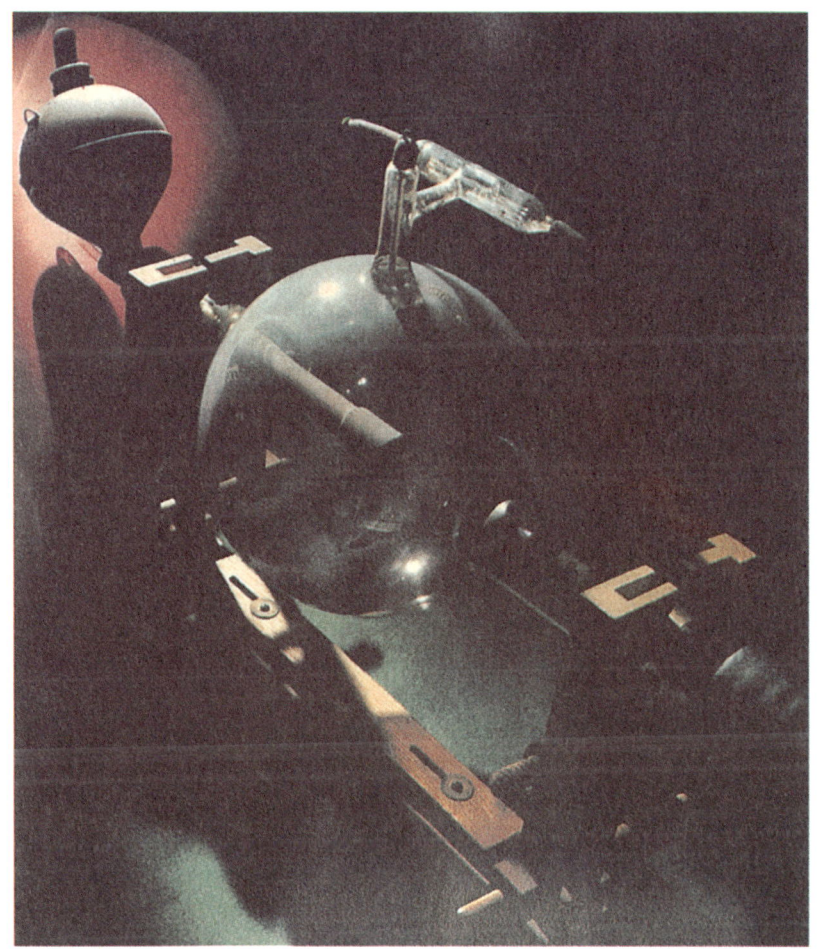

🔺 **크룩스관을 이용한 실험**—십자형 알루미늄판이 들어 있는 크룩스관에 높은 직류 전압을 걸면, 알루미늄판 뒤쪽에 있는 유리관에 십자형 그림자가 생긴다. 이것으로 음극에서 나오는 입자는 빛처럼 직진한다는 것을 알 수 있다.

나가지만 극히 짧은 거리에서만 검출된다는 것을 발견했다.

음극선에 닿게 되면 형광을 발하는 물질로는 유리 외에도 몇 가지가 있다. 그 중 하나가 백금 시안화바륨이다. 19세기 말의 과학자들은 음극선을 실험할 적에는 이 물질의 미세한 결정을 바른 종이나 마분지로 만든 스크린을 사용하였다.

## ● 뢴트겐, X선을 발견하다

1895년 말 어느 날 바이에른의 뷔르츠부르크 대학의 뢴트겐 (1845~1923년) 교수가 개량형 크룩스관을 써서 실험을 하고 있었다.

그는 사방을 커튼으로 둘러친 어두운 실험실에서 크룩스관을 검은 마분지로 싸서 어떤 빛도 통과할 수 없도록 했다. 그가 유도 코일에 스위치를 넣었을 때 실험실 안은 캄캄했다. 무심코 주위를 둘러보았을 때 몇 피트 떨어진 책상 위에 있는 형광 스크린의 하나가 밝게 빛나고 있었다. 그는 그것을 보고 이상하다고 생각했다.

크룩스관은 검은 종이로 싸여 있었기 때문에 음극선이 새어나갈 리가 없었기 때문이었다. 그런데 어떤 선이 관으로부터 스크린 쪽으로 곧게 나가는 것이 포착되었다.

빛이 딴 곳에서 투사될 가능성은 전혀 없었다. 그는 스크린을 관에 가까이 가져갔다. 그랬더니 스크린이 같은 방향으로 있는 한 계속 빛이 빛나고 있었다. 이윽고 그는 형광을 발하는 관에서 새로운 종류의 광선이 방출된다는 사실을 확신하게 되었다. 그것은 검고 두꺼운 마분지도 뚫을 수 있는 선이었다. 이 선은 다른 물질도 통과할 수 있으리라는 가정 아래 그는 관과 스크린 사이에 판자를 놓았고 또다시 헝겊으로 가렸으나 스크린은 여전히 빛났다.

그러나 금속관을 놓았을 때는 스크린 위에 그림자가 나타났다. 이 선은 나무, 섬유 등은 통과하나 금속은 통과하지 못한다는 사실이 밝혀졌다.

이리하여 뢴트겐은 매우 적절하고, 간단한 아이디어를 착안했다. 그것은 보통 광선은 사진 건판에 작용하므로 아마 특이한 이 선도 건판에 감광될 것이라고 생각했다.

이것을 검증하기 위하여 그는 이 선이 통과하는 곳에 사진 건판을 놓고 아내를 설득시켜, 손을 관과 건판 사이에 넣어 보라고 했다. 그가 코일의 스위치를 넣어 본 후 건판을 현상해 보니 뼈가 똑똑히 나타났고 뼈 둘레의 근육이 희미하게 나타난 것을 볼 수 있었다. 산 사람의 뼈가 사진에 찍힌 것은 이것이 처음이었다.

🔺 크룩스(Sir William Crookes:1832~1919)—영국의 물리·화학자, 원소 탈륨과 음극선을 발견했다.

### ● 또 하나의 이야기

X선의 발견에 관한 다른 이야기가 있다. 그것은 뢴트겐이 쇠로 만든 열쇠를 책갈피 대신 쓰고 있었다는 것이다.

어느 날 책을 읽고 나서 열쇠를 책에 끼워 실험실 의자 위에 있는 나무틀로 된 사진 건판 위에 얹어 놓았다.

그 뒤 그는 크룩스관으로 실험을 한 뒤 형광을 내는 관을 책 위에 놓은 채 밖으로 나갔다.

며칠 뒤에 그가 이 사진 건판으로 야외 풍경을 찍었는데, 그것을 현상해 보니 음화에 열쇠의 형태가 나타나 있었다. 이것을 보고 그는 크룩스관이 특이하고 새로운 선을 방출한다고 믿게 되었다는 것이다.

이 부자연스런 이야기가 사실인지 거짓인지를 증명하려고 노력할 필요는 없다. 현재 이 설을 믿는 사람은 드물기 때문이다.


### ● X선 발견의 파문

뢴트겐은 자신이 발견한 X선에 관한 내용을 1895년 12월에 뷔르츠부르크 물리학·의학 협회에 보내고 곧 상세한 내용을 신문에 게재했다. 이 발견은 다른 나라에서도 대단한 파장을 일으켰다.

이듬해 1월 초에 영국의 어느 유명한 물리학 교수가 과학 전문 잡지에 그 새로운 발견에 관한 글을 투고했다.

그는 우선 놀랄 만한 과학적 발견이 최근 바이에른의 뷔르츠부르크 대학 뢴트겐 교수에 의해 이루어졌다고 썼다.

◀ 뢴트겐
(Wilhelm Konrad Rontgen : 1845~1923)
독일의 물리학자로 음극선을 연구하던 중 X선을 발견하여 1901년에 최초의 노벨 물리학자가 되었다.

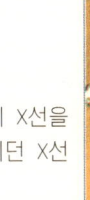

▶ 초기의 X선관―뢴트겐이 X선을 발견했을 당시에 이용되던 X선관이다.

뢴트겐은 나무 상자 속에 밀폐된 채 들어 있는 금속 물체를 유리 상자 속에 넣었을 때보다 더 수월하게 사진으로 찍는 방법을 찾아 냈다고 했다.

뢴트겐은 또 사람의 해골을 피부, 근육, 의복―이것들은 그 윤곽이 사진상으로 투명하게 나타나지만 뼈는 투명하지 않다―을 뚫고 금속의 경우와 같이 사진 찍을 수 있었다고 했다. 그는 계속해서 다음과 같이 쓰고 있다.

"이 발견은 과학의 여러 놀라움에 또 하나를 첨가했다. 캄캄한 어둠 속에서 사진이 찍히는 것만도 이해하기 어려운데, 나무벽이나 불투명체를 통해서 사진을 찍는다는 것은 거의 기적에 가깝다."

이런 이유로 일반인들은 뢴트겐이 몸의 뼈 사진을 찍는 일종의 카메라를 발명했다고 생각했거나, 일부 신문은 이것을 '사진술의 일대 혁명'이라고 대서 특필까지 했다. 실제로 어느 과학 잡지의 편집인은 다음과 같이 썼다.

'뼈나 손가락에 낀 가락지밖에 보이지 않는 사진을 찍고 싶은 사람은 거의 없다.'

일부 사람들은 이 발견으로 인해 길거리의 사진사가 '체면을 손상시키는' 누드 사진을 찍을지도 모른다고 경악과 분개를 표시했다. 실제 있었던 일로 런던의 어느 기발한 회사는 'X선을 통과시키지 않음을 보증하는 속옷'이라고 자기 회사 상품을 선전했을 뿐 아니라, 이 아이디어로 상당한 수익을 올렸다고 한다.

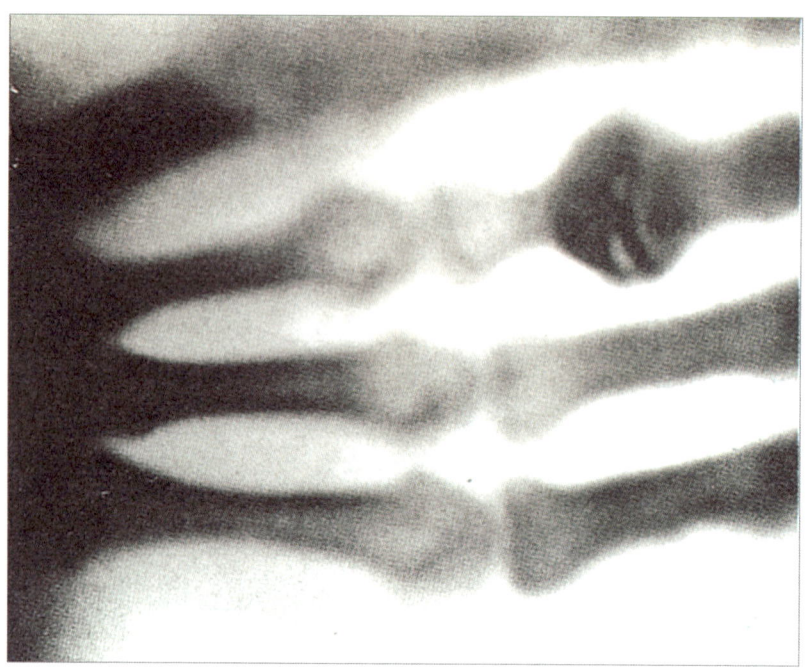

🔺 X선 사진—뢴트겐 부인의 손을 찍은 X선 사진

🔺 X선 투시기—X선 촬영 장치는 공항이나 항만 등에서 위험한 물건이나 물질을 검색하는 데 이용된다.

## ● X선의 응용

한편, 과학자들은 이 X선이 인류에게 막대한 혜택을 가져다 줄 것이라고 생각했다. 의사들은 곧 외과 수술에 X선이 중요한 역할을 맡으리라는 것을 알게 되었다.

뢴트겐의 X선 발견에 관한 논문이 맨 먼저 뷔르츠부르크의 의학 협회에서 읽힌 것은 주목할 만한 일이 아닐 수 없었다. 그리하여 외과는 X선과 밀접한 관련을 맺은 최초의 분야가 되었다.

1869년 1월 20일 베를린의 어느 의사는 손가락에 꽂힌 유리 파편을 찾아 냈다. 어떤 의사는 X선으로 소년의 머리에 박힌 탄환을 확인했다. 몇 년 후에, 톰슨은 외과에서의 X선의 비중을 다음과 같이 논평했다.

"뢴트겐 및 X선을 외과에 응용해서 효과적인 진단 방법을 외과 의사에게 제공한 사람들 이상으로 인류의 고통을 구하는 데 공헌한 사람은 드물다."

오늘날 의사들은 X선을 다른 치료에도 이용한다. 예를 들면, 암세포를 죽이거나 무좀과 같은 병을 치료하는 데 사용한다.

공업 분야에서도 X선의 이용 가치는 매우 크다. 특히 야금에서는 X선을 써서 주조한 철의 조직에 들어 있는 미세한 틈이나 균열을 검출하는 데 이용하기도 한다.

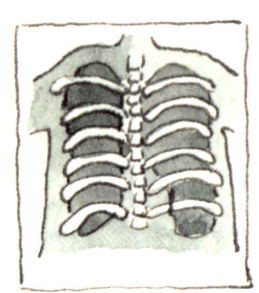

# 방사능의 발견

# 오류가 낳은 위대한 발견

## ● 형광을 연구한 베크렐 일가

뢴트겐이 중요한 발견을 하고 나서 몇 달 지나 또 다른 과학자가 X선의 발생 경로를 고찰하는 한 실험을 했다. 이 실험이 낳은 뜻밖의 결과는 방사능의 발견으로 이어졌다.

앞에서도 말한 바와 같이 X선이 나오는 동안에는 음극선이 크룩스관의 유리벽에 충돌하여 초록색의 엷은 빛이 보인다.

그러나 이 빛은 음극선을 차단하면 소멸한다. 과학적인 용어로는 관벽에서 형광을 발한다고 말한다.

형광은 그다지 드문 일은 아니다. 어떤 물질들에 햇빛을 쪼이면 물질이 파르스름한 빛을 낸다. 그런데 어두운 곳으로 옮기면 이 형광은 없어진다.

그러나 다른 어떤 물질들은 햇빛에 노출시키면 형광 물질과는 달리 어두운 곳에서도 짧은 시간 동안 빛을 낸다. 이것을 인광 물질이라고 한다. 형광과 인광은 여러 모로 비슷하다.

프랑스의 저명한 과학자 에드몽 베크렐(1820~1891년)과 그의 아들 앙리 베크렐(1852~1908년)은 19세기 후반에 우라늄이라는 진기한 금속을 함유한 물질을 전문적으로 연구했다.

베크렐은 파리 이공 대학 교수로서 그의 할아버지는 전기화학자이며 아버지는 물리학자였다. 그의 아버지는 특히 형광·인광에 대해 연구하느라 많은 표본을 모으고 있었다.

뢴트겐의 X선 발견에 자극을 받은 베크렐은 아버지가 보유

▶ **음극선**—방전관의 양극에 구멍을 뚫으면 구멍에서 튀어나오는 음극선 입자는 직진하고 방전관 벽에 충돌하여 형광을 내게 하나 이 때 진로에 수직하게 전기장이나 자기장을 걸어 주면 음극선의 진로가 휘어져서 관벽에 형광의 위치가 이동한다.

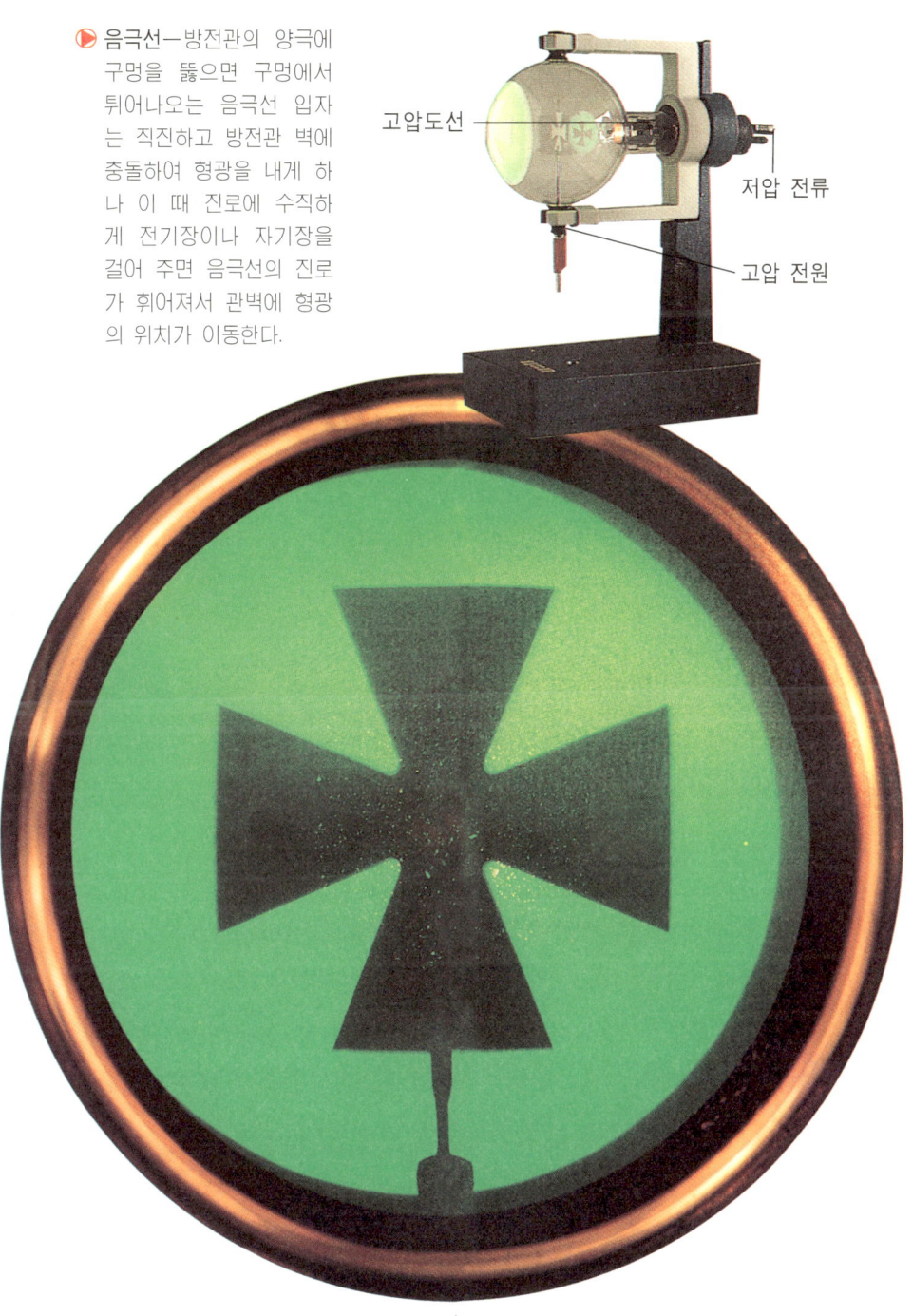

고압도선
저압 전류
고압 전원

🔺 땅 속에서 채굴하는 우라늄에서도 방사선이 나온다.

하고 있는 풍부한 표본을 열심히 조사했다. 1896년, 마침내 그는 표본을 조사하다 우라늄광의 일종이 자연에 방사선을 발하고 있다는 것을 발견해 내어 방사능 연구의 선구자가 되었다. 1899년에는 방사선의 일부가 대전 입자의 흐름이라는 것, 다음 해에는 음극선과 똑같은 부하 전립자가 포함되어 있다는 것을 발견하였다.

방사능을 발견한 공로로 그는 퀴리 부처와 함께 1903년 노벨상을 수상했다.

🔺 암석의 방사능─화강암은 우라늄을 함유하고 있으므로 방사능과 라듐 가스를 방출한다.

아버지 에드몽 베크렐은 몇 가지 우라늄염의 형광에 관한 논문을 썼다. 그러나 아들 앙리는 때로 이것을 인광이라고 불렀다. 이 장에서는 혼란을 막기 위해 두 현상을 모두 형광이란 용어를 사용하기로 한다.

## ● 우라늄염을 쓴 실험

1896년 1월 앙리 베크렐은 파리에서 처음 열리는 X선 사진 전시를 구경했다.

그가 X선에 특히 흥미를 갖게 된 것은 다른 과학자가 X선이 크룩스관의 형광을 발하는 유리벽에서 생긴다고 말한 적이 있기 때문이다.

여기서 베크렐은 만약 형광을 발하는 유리벽에서 선이 생기는 것이라면 다른 형광 물질도 X선을 낼 수 있으리라 생각했다.

물론 그는 베크렐 가문 대대로 관심의 대상이 되는 우라늄염을 염두에 두었다. 그래서 자기의 가설을 검증하기 위해 황산칼륨우라늄이라는 염을 써서 실험해 보려고 결심했다.

그가 이 염을 만든 것은 1896년보다 훨씬 이전이었고, 아버지의 형광 실험에 도움을 주기 위해서였다.

이 실험은 검고 두꺼운 종이로 싼 사진 건판이 태양 광선에는 감광되지 않지만 X선에는 감광된다는 사실을 근거로 한 것이다.

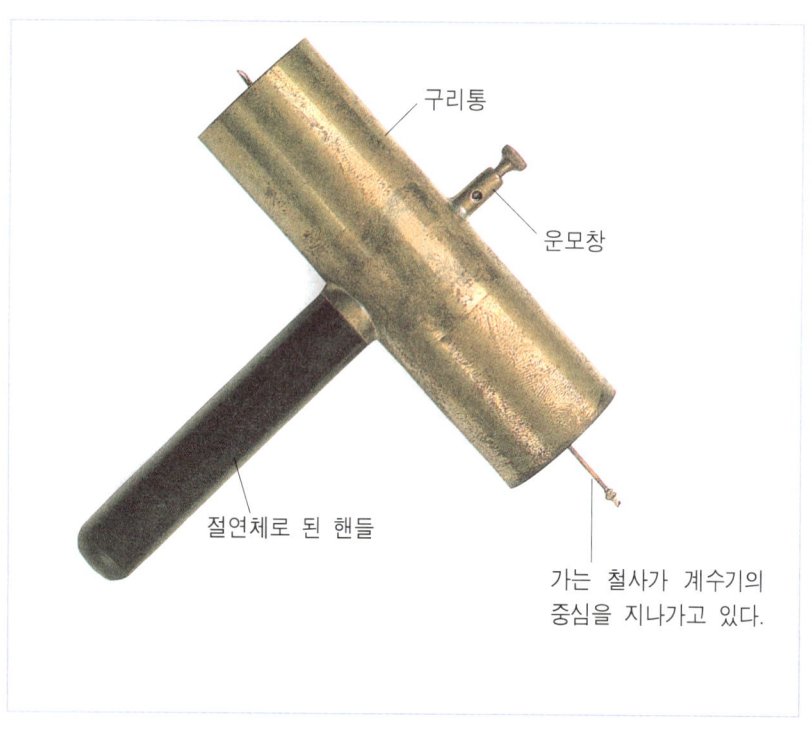

🔴 가이거 계수기—독일의 물리학자 한스 가이거가 만든 방사선 검출기이다.

예수의 몸을 쌌다고 하는 옷의 샘플을 넣은 용기

토리노의 대주교의 봉인

🔴 〈토리노의 성의〉의 연대 측정 — 십자가에 못 박혀 죽은 예수의 몸을 싼 성의의 샘플을 방사성 탄소로 연대를 측정했더니 천이 중세의 것이란 것을 알게 되었다.

    그는 건판을 쌀 검은 종이에 우라늄염의 결정을 붙였다. 그 옆에 은화를 한 장 놓고 그 위에도 같은 결정을 놓았다. 다음에는 이 건판을 햇빛이 잘 드는 곳에 두고서 형광을 발하게 했다. 형광을 내는 결정은 X선도 방출하리라는 예상에서였다.

    첫째 결정에서 방출된 X선은 건판 위에 뚜렷한 결정의 흔적을 남길 것이고, 둘째 결정에서 방출된 X선은 은화에서 저지당해 건판 위에 은화의 그림자를 만들 것이라고 예상했다.

    건판을 현상한 결과는 베크렐의 예상과 일치되었다. 첫째 결정의 흔적이 있었고, 또 은화가 놓인 곳에는 형태가 뚜렷한 그림자가 생겼다. 따라서 형광을 발하는 우라늄염은 X선을 방출한다고 추정되었다.

🔺 자외선을 받아 파란 형광색을 내는 형석(위)과 암염(오른쪽)

   1896년 2월 26일 그는 실험을 반복했다. 지난 번같이 검은 종이로 싼 사진 건판에 우라늄염과 은화를 얹고 집 밖에 내놓았다.

   그 날은 구름이 끼었으므로 다음 날까지 그대로 두었으나 이틀 쪼인 햇빛의 양은 극히 적었다. 그래서 그는 건판에 결정과 은화를 붙인 채 어두운 벽장에 넣어 두었다.

   맑은 날씨를 기다려 다시 햇빛에 쪼일 생각이었다. 그런데 다음 날도 날씨가 갤 전망이 없었으므로 그는 건판을 그대로 현상하기로 작정했다.

   햇빛의 투사량이 적어서 희미한 영상이 인화되리라 기대했으나 예상 밖에도 건판 위 결정의 흔적과 은화의 그림자는 전과 다름없이 분명한 윤곽을 드러냈다. 앞서 실험했을 때는 결정을 오랜 시간 햇빛에 쪼였었다.

## ● 새로운 방사선을 발견하다

이 실험 결과는 우라늄염의 결정이 희미한 형광밖에 내지 않는 때조차 X선을 방출함을 뜻하는 듯싶었다. 여기서 그는 하나의 착상을 했다. 이 우라늄염의 결정은 햇빛에 의한 형광이 아닐지라도 X선을 방출할 것이 아닌가?

이 가설을 검증하기 위해서는 실험이 필요했다. 그는 전과 같이 결정과 은화를 붙인 사진 건판을 준비했다. 이번에는 햇빛을 받지 않는 캄캄한 벽장 속에 며칠 동안 두었다.

건판을 현상한 결과 이번에도 뚜렷한 결정 자국과 은화의 그림자가 나타났다. 이 사실은 우라늄염의 결정이 형광을 내고 있지 않았는데도 불구하고 X선을 내고 있음을 입증하는 것이

자연광 아래의 회중석

형광을 내는 회중석

🔺 휘석—자외선을 받으면 형광을 내는 물질을 함유하고 있다.

라고 생각했다. 그는 계속 실험하여 이 가설의 방증을 얻었을 뿐만 아니라, 우라늄 화합물이나 우라늄 금속 자체도 형광에는 관계없이 X선을 방출한다는 사실을 확신하게 되었다.

뒤이어 또 하나의 놀라운 발견이 이루어졌다. 우라늄과 그 화합물이 방출하는 선은 사진 건판에 작용한다는 점에서는 공통되나, 결코 X선이 아니라는 사실이 밝혀졌던 것이다.

그 이유는 실험 결과들이 지금까지 알려져 있지 않은 새로운 선임을 입증했기 때문이다. 이 선은 발견자의 이름을 따서 베크렐선이라고 이름을 붙였다.

## ● 방사능이 원자의 비밀을 드러내다

베크렐의 성공적인 발견은 올리버 로지(1851~1940년)가 평했듯이 과학의 새로운 장을 열었다. 1897년 퀴리 부인(1867~1934년)은 같은 방사선을 방출하는 물질이 또 있는가를 탐색하기 시작했다.

그녀는 이미 알려져 있는 물질을 조사하고 일부 물질이 방사선을 낸다는 것을 규명했으며, 이것을 방사성 물질이라고 불렀다.

그러나 그녀의 중요한 발견은 우라늄을 함유한 광석 피치블렌드는 함유된 우라늄의 양으로 예상되는 것보다 더욱 센 방사선을 방출하고 있다는 사실이다.

이것으로 보아 피치블렌드는 우라늄 외에도 다른 방사성 물질을 함유하고 있으리라 추정했다. 오랜 실험 끝에 그녀는 1톤이 넘는 광석에서 겨우 손톱만한 미지의 원소를 얻었다. 그녀는 그것을 '라듐'이란 이름을 붙였다.

🔴 **연구에 몰두하고 있는 퀴리 부인**―퀴리 부인은 남편인 퀴리와 함께 폴로늄과 라듐을 발견하여 1903년에 노벨 물리학상을, 1911년에는 화학상을 받았다.

베크렐의 발견 이전에는 과학자들은 원자야말로 물질의 가장 작은 단위이고, 어떠한 방법으로도 이것을 쪼갤 수 없으리라고 믿었다.

원소가 무엇인가를 방출한다는 베크렐의 발표는 과학자들을 당황하게 만들었다. 그들은 이 문제에 대한 해답을 얻고자 앞을 다투어 연구했다.

이러한 방사선은 극히 미세한 물질 입자를 포함하고 있고, 그것은 원소의 원자에서 갈라져 나온 것이 틀림없었다. 이로써 원자보다도 작은 입자가 존재한다는 것과 방사성 원자가 스스로 갈라져 나오는 것이 확인되었다. 이를 과학적으로 표현하면 방사성 물질의 붕괴라 하고, 이것을 유발하는 성질을 자연 방사능이라 한다.

또한 원자(우라늄 따위의)가 이와 같이 파괴되어 입자를 방출할 때 막대한 에너지가 방출되는 것이 밝혀졌다.

간단한 예를 들면 1그램의 라듐은 1톤의 석탄이 연소할 때 발생하는 열량과 맞먹는 에너지를 보유하고 있다는 사실이다.

그런데 중요한 사실은, 계산에 의하면 이 에너지가 전부 방출되는 데는 2,000년에서 3,000년 남짓 걸린다는 것이다.

어쨌든 아무리 긴 시간이 소요된다 해도 물질이 에너지로 변화한다는 것은 명백하다. 이런 물질관의 변화도 몇백 년 전에 확립된 기존의 지식 체계와는 반대되는 것이었다. 베크렐의 발견이 던져 준 충격은 컸다.

이리하여 베크렐의 발견은 의학에 큰 이익을 가져다 준 라듐이나 원자 분열(이것은 원자 폭탄을 낳게 했을 뿐만 아니라 평화 목적에도 큰 에너지원을 인간에게 선물하였다)의 발견으로 이어지는 새로운 길을 열었다.

◐ 퀴리 부인이 사용했던 실험 기구—
퀴리 부인이 라듐을 정제하는 데 사용했던 기구

## ● 오류가 진리를 이끌다

이런 중요한 발견의 근원을 따지면 1896년 2월 말의 날씨가 며칠 동안 좋지 못했다는 사실에서 기인한다.

베크렐의 연구가 시작된 것은 세 가지 틀린 가정의 결과였다는 사실이다. 즉, 그 하나는 X선이 형광을 발하는 유리에서 만들어진다는 것이다. 이것은 오류였다. 다음은 형광을 발하는

🔻 별에서 나오는 방사선이 지구에도 도착한다.

유리가 X선을 방출하므로 다른 형광 물질도 X선을 방출하리라는 것이다. 이것도 오류였다. 마지막으로 우라늄염은 형광을 발하지 않아도 X선을 방출한다는 것이다. 이것도 오류였다.(우라늄염이 방출하는 것은 X선이 아니었다) 어떤 교수는 이렇게 평했다.

  "이같이 훌륭한 발견이 일련의 잘못된 가정을 추구한 데서 비롯된 것은 정말 신기한 우연의 일치라 생각된다. 과학사에서 이런 사례가 또 있을까 싶을 정도이다."

# 9

# 사상 최대의 과학 모험

# 인류 최악의 무기

## ● 원자핵 분열의 발견

1945년 8월 6일 일본 히로시마 시에는 사상 유례없이 강력한 폭탄이 투하되었다. 이것은 인류가 만들어 터뜨린 최초의 원자 폭탄이었으며, 인간의 상상을 넘어서는 거대한 파괴력의 현장을 보여 주었다.

전쟁이 끝나자 당시 미국 대통령 트루먼은 전시 기밀을 해제한 후 이 폭탄의 발명과 제조야말로 '사상 최대의 과학의 투기'였다고 말했다.

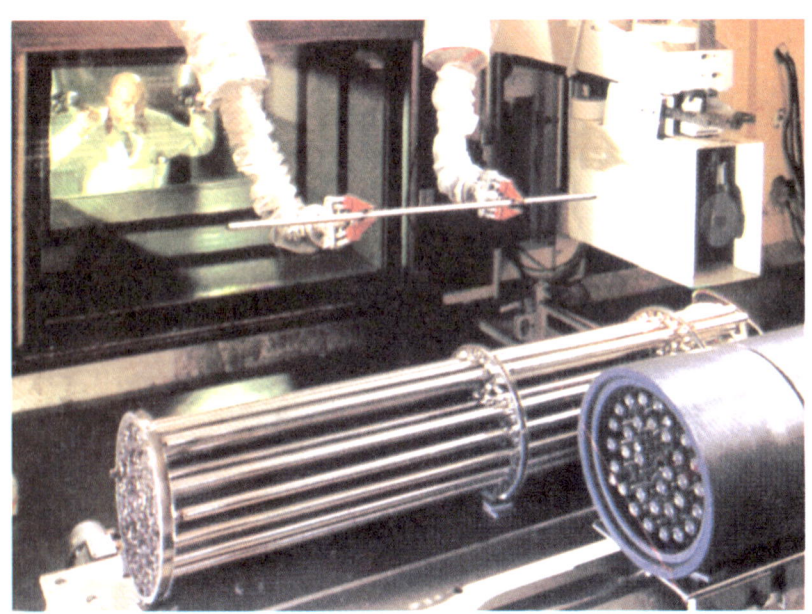

▲ 연료봉은 방사능이 대단히 강하다. 연료봉을 검사하려면 컴퓨터 제어 유도 장치를 사용하여 머니퓰레이터라는 기계팔을 이용한다.

◐ 우라늄 노천광

◐ 우라늄 광석. 퀴리 부부는 우라늄 광석에서 방사선을 내는 라듐을 발견했다.

　이 발명은 우라늄이나 다른 방사성 원소의 원자가 차츰 붕괴됨을 발견한 베크렐과, 이 분야를 연구한 많은 과학자들에 의해 그 진보가 급속히 달성된 뒤의 일이었다.

　어떤 종류의 원자가 스스로 분열한다는 베크렐의 발견은, 과학자들에게 실험실에서 인위적으로 원자를 파괴할 수 있으리라는 가설을 세우게 했던 것이다.

　그 때까지 자연에서 산출되는 원소 중에서 가장 무거운 원자로 알려진 것은 우라늄으로, 이것은 가장 가벼운 수소 원자 238개의 무게와 맞먹는다.

　그러나 우라늄 원자는 매우 작으므로 몇백만 개를 합쳐도 팥 알갱이 하나 정도의 크기도 안 된다.

　원자는 이처럼 크기가 아주 작은데, 그보다 더 미세한 입자들로 구성되어 있다. 즉 원자는 두 개의 주요한 부분으로 구성되어 있다. 하나는 중심 부분에 있는 원자핵이며, 이것은 전기적으로 +로 하전된 입자와 중성인 입자를 포함한다. 또 하나는 바깥 부분에 있는 전자라 불리는 전하를 갖는 가벼운 입자이며, 원자핵의 둘레를 돌고 있다.

1932년 매우 중요한 실험이 성공적으로 이루어졌다. 케임브리지 대학의 두 과학자 코크로프트(1897~1967년)와 왈트(1903~?)가 실험실에서 원자를 파괴하는 데 성공했다. 그러나 이 실험에서 쪼개진 원자의 수는 극히 적었다.

그로부터 6년이 지나서 독일의 과학자 한(1879~1968년)과 슈트라스만(1902~1980년)은 우라늄 원자를 연구하여, 이것이 케임브리지 대학에서의 실험과는 다르게 쪼개짐을 밝혀 냈다.

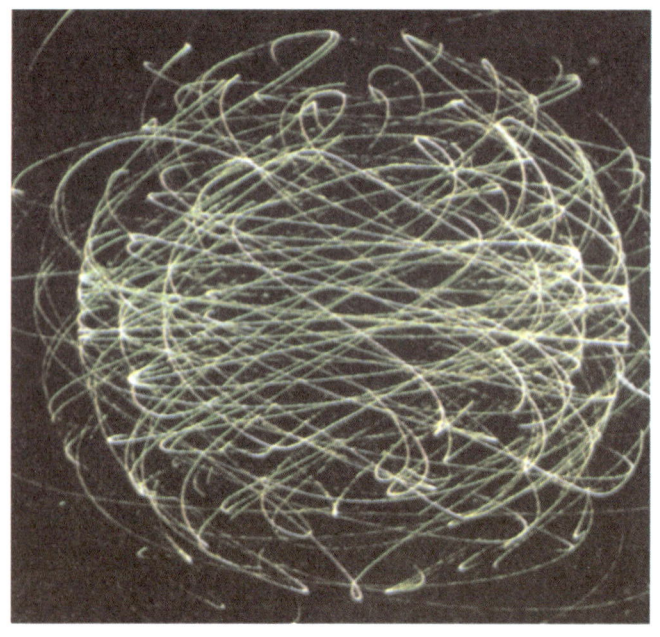

🔴 원자를 전자 현미경으로 확대한 사진―양(+) 전하를 띤 원자핵의 주변을 음(-) 전하를 띤 전자가 궤도를 따라 돌고 있다.

🔴 **유럽의 자기 핵융합 시험로**—수소 원자를 가열한 플라스마를 자기력선을 이용하여 밀집시켜 핵융합을 일으킨다.

이 연구에서 머지않아 몇백만의 원자핵이 연쇄적으로 한 순간에 분열하여 그 전부가 파괴되리라는 것을 알게 되었나. 원자핵이 쪼개지는 것을 원자핵 분열이라 하고, 이것이 급속히 진전되는 과정 전체를 연쇄 반응이라고 부른다.

연쇄 반응이 성공할 경우 막대한 에너지가 방출됨을 과학자들은 잘 알고 있었다. 실제로 제2차 세계 대전이 발발한 1930년대에는 대규모의 원자 에너지를 가까운 시일 안에 얻을 수 있음을 확신하게 되었다. 이런 발견에는 아무런 비밀도 없었다. 그 까닭은 전쟁 전의 과학계에서는 과학자들이 자기의 연구나 발견에 관해 상세한 내용을 서로 자유로이 교환했기 때문이다.

만일 전쟁이 일어나지 않았더라면 원자 과학자들은 틀림없이

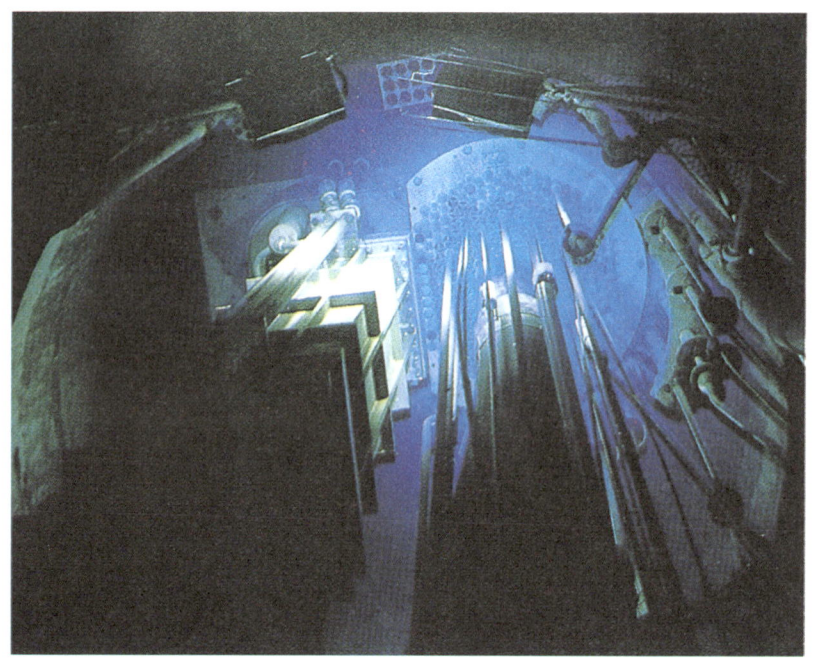

🔺 핵분열을 일으켜 에너지를 얻는 핵분열 장치의 내부

산업 분야에서의 원자 에너지 이용 방법에 대해 더욱 몰두했을 것이다.

그러나 영국에서는 제2차 세계 대전 때문에 연구의 방향을 군사 방면으로 완전히 바꾸게 되었다. 또한 정치가들도 이에 관심을 갖게 되었다.

● **영국, 원자 폭탄 계획에 나서다**

1940년 4월 영국 공군성은 전쟁이 끝나기 전에 원자 폭탄을 만들 수 있는 가능성을 조사하기 위해 과학자들로 구성된 위원회를 설립했다.

이 위원회의 결론은 비행기로 운반할 수 있는 가벼우면서도 수천 톤의 트리니트로톨루엔을 넣은 폭탄(그만큼의 무게를 한 개의 폭탄에 넣을 수 있다치고)과 같은 엄청난 파괴력을 지닌 새로운 폭탄을 만들 수 있으리라는 것이었다.

영국 정부는 이 결론을 받아들여 1941년 11월 특별한 전시국을 만들어 그에 관한 연구를 위탁했다.

원자 과학자들이 그런 엄청난 파괴력을 지닌 폭탄 제조의 가능성을 긍정한 사실을 안 영국의 정치가나 그 밖의 많은 사람들은 독일의 과학자들도 그러한 무서운 무기를 만들지 모른다는 공포를 느꼈다. 그들은 독일의 과학자들도 원자를 파괴하는 실험에 열중하고 있음을 알고 있었기 때문이다. 사실 앞에서 말한 바와 같이 전쟁 전에 이미 독일의 과학자들은 원자핵 분열에 관한 매우 중요한 발견을 그들보다 먼저 이루어 놓은 상태였다.

영국인들은 독일의 과학자들이 전쟁 중 더욱 놀라운 다른 발견을 이룩해서, 그것을 이용하여 원자 폭탄을 만들어 내지 않을까 하고 염려했다. 독일이 한 발 앞서 이 무기를 만들어 낼지도 모른다는 근거는 또 하나 있었다.

당시 우라늄이 발견된 장소는 세계에서 몇 군데 되지 않았다. 그 중의 하나가 체코슬로바키아였는데, 이 나라는 이미 독일이 점령하고 있었다.

당시의 대부분의 과학자들은 여러 가지 전쟁에 관련된 연구에 종사하고 있었으나, 그 중 많은 과학자들이 뽑혀서 원자력 연구로 투입되었다. 비용도 나중에는 얼마가 들든지 문제삼지 않고 아낌없이 투자했다. 또, 몇백 명의 숙련 기술자나 기능공들이 다른 연구에서 차출되어 무엇보다 중요한 이 원자력 연구를 돕게 되었다.

● 중수의 이동

또 하나의 큰 근심거리는 원자력 연구에 있어 매우 중요한 물질이 노르웨이밖에는 생산되지 않는다는 것이었다.

이 물질은 중수라 불리는 것으로 보통 물과 인연은 깊으나 특별히 설계된 장치를 써서 한 방울 한 방울 떨어지는 것을 받아 얻었다. 이것을 만드는 곳은 세계에서 노르웨이의 노르스크 히드로라는 회사뿐이었다.

1940년 처음 프랑스 정부는 그 때까지 저장되어 있는 중수를 전부 사고 싶다고 노르스크 히드로 사와 절충을 벌였다. 그러나 이 회사의 경영진은 훗날 독일에게 보복을 당할 것이 두려워 비밀을 지킬 것을 조건으로 중수를 파는 데 동의했다.

▲ 원자 폭탄을 실어 나르는 미사일

이렇게 해서 사실상 세계에 있는 중수 전부가 프랑스로 들어가고 말았다. 그것은 위험 속에 프랑스에 도착되었다. 그 이유는 노르웨이가 중수를 팔고 난 수 주일 후 독일군이 노르웨이를 공격해서 점령해 버렸기 때문이다.
 그러나 중수는 곧 또 한 번의 큰 여행을 하지 않으면 안 되었다. 1940년 6월, 이번에는 프랑스가 독일군의 침략을 받았기 때문이다.
 다행히 몇 사람의 지도적인 위치에 있는 프랑스 과학자들이 도망칠 수 있었다. 그들은 약 165리터나 되는 귀중한 중수를 갖고 몰래 프랑스의 어느 항구에 도착했다. 그들은 그 곳에 이미 도착해 기다리고 있던 영국배에 화물을 싣고 무사히 영국에 도착할 수 있었다.
 중수는 그 뒤 케임브리지 대학의 캐븐디 연구소에 운반되어 원자 폭탄의 연구 계획에 큰 공헌을 했다.

● **노르스크 히드로 기습**

 독일이 노르웨이를 점령한 후 독일의 과학자들은 노르스크 히드로 공장에서 계속해서 중수를 생산해서 손에 넣을 수 있었음은 말할 것도 없다. 그래서 1942년부터 1943년 겨울에 걸쳐서 연합국의 지도자들은 그 생산을 방해하기로 결정했다.
 대담한 공격 계획이 세워졌다. 이 계획은 노르웨이로부터 온 망명자 중에서 노르스크 히드로 공장에서 일한 적이 있어 공장 안에서 쉽게 파괴할 수 있는 중요한 시설이 있는 곳을 알고 있는 사람들이 제공하는 정보를 근거로 실행되었다.
 이 계획은 파괴 훈련을 받은 소수의 연합군과 노르웨이의

🔴 **핵융합 실험 장치**—핵융합은 섭씨 1억도 정도로 되는 고온에서만 일어난다.

특별 공격 대원들에 의하여 단행되었다. 최초의 기습 부대는 영국에서 보내졌는데 성공하지 못했다. 그래서 두 번째 습격이 결행되었다.

젊은 노르웨이 장교 하우겐 중위가 지휘를 했다. 9명의 노르웨이 인으로 구성된 기습 대원은 스털링 폭격기에서 낙하산을 이용하여 공장 가까이에 낙하했다.

그들은 지하실로 숨어 들어가서 가장 중요한 장치 밑에 고성능 폭약을 장치하고 도화선에 불을 붙였다.

작전은 성공했다. 이로써 공장의 시설 대부분이 파괴됐을 뿐 아니라 9개월 동안 만들어 모아 둔 중수까지 모두 없애 버렸다.

훨씬 후에 독일의 항복이 가까워졌을 무렵, 연합군은 독일이 물러가면서 공장을 폭파시킬지 모른다는 우려 때문에 이번에는 수리된 노르스크 히드로 공장을 될 수 있는 대로 피해가 가지 않게 뺏기로 했다.

젊은 장교 하우겐은 다시 낙하산을 타고 노르웨이에 낙하했다. 그는 영국 비행기가 떨어뜨린 무기로 1,000명의 민병대를 조직했다. 그리고는 독일군이 떠날 예정일 이틀 전에 공장을 습격했다. 공장을 폭파하라는 명령을 받은 독일 수비병들은 뜻하지 않은 습격에 쉽게 항복하고 말았다.

또 하나의 대담한 모험은 1943년 11월에 행해졌다. 이 때 덴마크의 지하 운동원들은 나치가 덴마크의 유태인들을 모두 검거한다는 결정을 하고 닐스 보어(1885~1962년)의 체포를 명령한 것을 알았다.

보어는 코펜하겐 대학의 물리학 교수로서, 당시 원자 에너지 연구 분야에서 세계의 선두를 걷고 있었다.

단체 지하 운동의 지도자들은 면밀한 계획으로 손을 써서 그를 배에 태우고 독일의 특수 비밀 경찰 게슈타포의 손에서 빠져 나가게 했다. 보어는 무사히 쉬든에 상륙하였으며, 그 곳 경찰은 이미 그를 독일군의 손으로부터 보호할 것을 동의했기 때문에 그의 안전을 지켜 주었다. 거기서 그는 영국 비행기를 타고 무사히 영국에 도착했다. 보어는 여기서 곧 연합군의 원자탄 연구를 돕기 시작했다.

## ● 독일의 원자력 연구

그 무렵 연합국의 정보 기관들은 독일과 그 점령 지역에서 원자력 연구가 이루어질 만한 장소에 대해 빈번히 정보를 전해

왔고, 연합군의 폭격기는 특히 그런 장소를 골라서 공격을 퍼부었다.

영국은 독일이 그 보복으로 영국에 있는 원자력 연구 장소를 공격해 올 것을 예상하고 있었다. 그리하여 1942년 원자력 연구는 미국으로 옮겨졌고, 여기서 눈부신 속도로 진척이 이루어졌다.

거창한 조직이 설립되어 다수의 과학자들이 팀을 이룬 가운데 각각 특수한 연구 부분을 맡아서 많은 연구가 바쁘게 진행되었다.

몇천 명이나 되는 노동자들이 가지각색으로 제작하고, 다른 사람들이 어떤 일을 하건 관계없이 자기 일에만 몰두했다. 이런 일은 극히 소수의 위원으로 구성된 위원회의 지휘를 받아

🔺 우리 나라 월성의 원자력 발전소

추진되었으며, 이에 대한 모든 비밀을 알고 있는 것은 그 위원들뿐이었다. 또, 그들은 끊임없이 독일이 자기들보다 먼저 원자 폭탄을 만들지나 않을까 하는 공포에 사로잡혀 있었다.

영국의 과학자들은 D-Day(서방 연합군이 처음 노르망디에 기습 상륙을 한 날)까지 당면한 문제를 아직도 해결하지 못했다. 당시 연합국 지도자들은 독일의 과학자들이 어느 정도까지 원자력 연구를 진척시키고 있는가에 관해서 갖가지 추측을 하고 있었다.

연합군이 점령한 지역에서 어떤 정보라도 알아 낼 수 있을지 모른다 해서 과학자들로 구성된 한 팀이 D-Day(디 데이) 다음 날 프랑스에 상륙했다. 그들은 일선 부대 뒤를 따라 진격해서 독일의 원자력 연구의 진척 상황을 알 수 있는 실마리를 찾으라는 명령을 받았다. 그것은 독일에 점령당한 지역이나 독일 본토에 있는 큰 강의 물을 떠서 방사능의 유무를 조사하라는 지령이었다.

어느 조사에서도 방사능은 없는 것으로 나타났다. 연합국은 원자 에너지 이용을 둘러싼 경쟁에서는 훨씬 앞서 있었던 것 같았다. 또 처칠이 말했듯이, '하느님 덕택으로' 영국과 미국의 과학이 독일의 과학을 앞서고 있었다.

이렇게 해서 독일의 원자 폭탄 제조는 연합국이 겁내고 있었던 것보다는 진척되지 않았음이 점차로 알려지게 되었다. 그 까닭은 그들의 원자 에너지 연구는 대부분 산업 분야 응용에 집중되었기 때문이다.

독일이 이렇게 원자 폭탄 분야에서 진척이 이루어지지 못했던 데에는 몇 가지 이유가 있다. 특히 오토 한 박사의 태도는 주목할 만하다.

그는 1930년 독일에서 가장 뛰어난 원자 과학자의 한 사람이었고, 독일의 원자력 연구팀을 지휘해서 폭탄 만드는 일을 성공시킬 만한 유일한 사람이었던 것은 누구도 의심할 여지가 없었다. 실제로 그는 전쟁 중에 베를린의 카이저 빌헬름 화학 연구소에서 원자 에너지에 관한 대단히 중요한 연구를 했었고, 1942년에는 원자 에너지를 이용해 동력을 얻을 수 있음을 알았으며, 원자 폭탄까지도 구상하고 있었다.

1950년에 씌어진 그의 저서에 의하면 "우리 나라는 히틀러에 의해 지배되고 있어서 만약 원자 에너지가 그의 수중으로 들어가면 전 인류의 파멸을 가져오게 할지도 모른다. 그래서

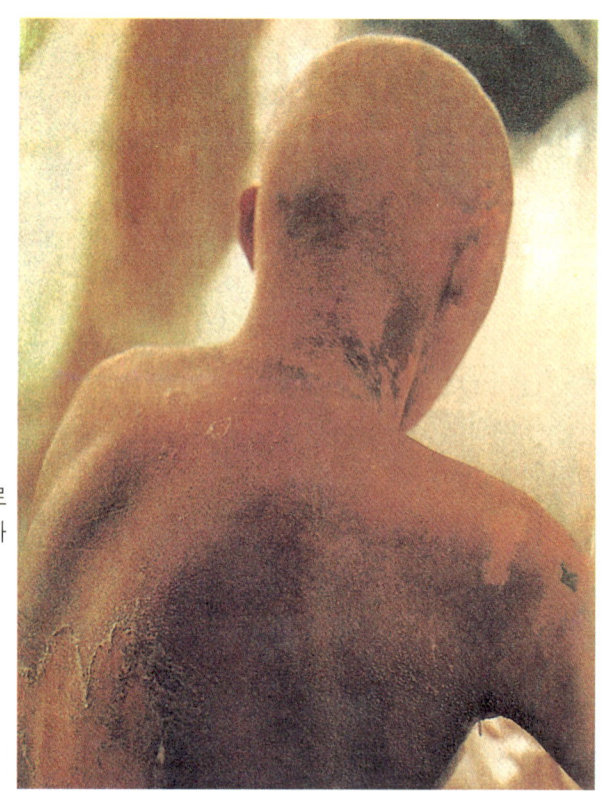

▶ 원자 폭탄으로 불구가 된 환자

제2차 대전의 전 기간을 통해서 나는 나와 동료의 연구를 원자 에너지의 평화적 목적에만 이용하기로 했다."고 기록되어 있다.

또, 연구비의 부족이 연구에 상당한 지장을 초래했음을 그는 인정하고 있다. 뒤에 밝혀진 일이지만 독일은 특히 전쟁의 마지막 몇 달 동안은 큰 일을 하려 해도 거의 불가능한 상태였다. 자재가 부족한데다 공장들마저 끊임없이 폭격을 받았기 때문이다.

● **원자 폭탄의 완성**

독일이 항복한 후에도 연합국은 원자 폭탄을 만드는 노력을 계속해서 1945년 7월에 이르러서는 처음으로 실험할 준비가 완료되었다. 그것은 2만 톤의 TNT 화약보다도 강하고, 폭파력은

🔺 원자 폭탄의 폭발 장면—원자 폭탄은 건물과 생명을 모두 파멸시키고 방사능을 발생해 생물체들도 모두 죽게 만든다.

그 때까지 써 온 폭탄 중 가장 큰 것의 2,000배가 넘는 엄청난 위력을 가진 무서운 파괴 무기였다.

최초의 폭탄을 만드는 데 5억 파운드의 비용을 사용했고, 12만 5천 명의 사람들이 이 계획에 동원되어 그 대부분이 2년 반 동안이나 일을 계속했다.

독일과의 전쟁은 5월에 끝났지만 일본이 아직 항복하지 않아 전쟁은 계속되었다. 이 무렵 원자 폭탄의 준비가 다 됐으므로, 연합국 지도자들은 그것을 사용할 것인지 여부를 결정하지 않을 수 없었다.

처칠 수상과 트루먼 대통령은 포츠담에서 회담을 갖고 결국 이것을 쓰기로 결정을 내렸다. 두 사람은 러시아의 지도자 스탈린에게 '비교가 되지 않을 만큼 큰 폭발력을 갖는

🔺 원자 폭탄의 폭발로 인해 폐허가 된 히로시마

폭탄'을 일본에서 사용할 것이라고 예고했다.

우선 그들은 일본에게 항복을 요구하는 최후 통첩을 보내서 무조건 항복을 하지 않으면 일본의 도시가 완전히 파멸될 것이라는 경고를 하기로 의견의 일치를 보았다. 연합국이 경고를 했으나 일본 수상은 이 제의를 거부했다. 그러나 연합국은 스탈린을 통해서 교섭하는 노력을 비밀리에 계속했다.

7월 16일 최초의 원자 폭탄 시험은 성공을 거두었다. 그런데 이 때 연합국은 원자 폭탄을 단 두 개밖에는 갖고 있지 않았다. 며칠 사이에 연합국은 서둘러 태평양을 건너 폭탄을 운반해, 1945년 8월 6일에는 떨어뜨릴 준비가 모두 갖추어졌다.

● **원자 폭탄과 일본의 항복**

그 날 일본의 히로시마의 아침은 맑게 개고 태양은 밝게 빛났다. 이 도시는 도쿄와 같은 본토에 있는 요새화된 항구였다. 또한 중요한 군수품 보급 기지의 하나로 조선소, 방직 공장, 군수 공장 등이 있었다.

공격은 예고없이 모든 사람들이 자고 있는 시간에 시작되었다. 폭발한 다음 1분도 안 되어 수만의 사람들이 무참하게 죽어 갔다. 대부분 폭발할 때의 엄청난 열기 때문에 타 죽었다. 시의 중심부는 커다란 불도저로 민 것같이 싹 쓸어 없어져 버렸다.

이 날 트루먼은 방송 연설을 통하여, 만약 일본이 연합국의 평화 조항을 수락하지 않으면 지상에서 아직까지 본 적이 없는 파멸의 비가 공중에서 내려올 것을 각오하지 않으면 안 된다고 경고했다. 처칠도 같은 내용의 방송을 했다.

그러나 일본은 항복해 오지 않았다. 그리하여 3일 후, 연합국은 두 번째 원자 폭탄을 나가사키에 떨어뜨려 똑같은 비참한 결과를 초래했다.

두 번째 폭격은 일본 정부의 신경을 여지없이 짓밟았다. 나가사키에서의 대량 학살도 히로시마 때와 같이 눈으로 볼 수 없을 지경이었다. 정확한 숫자는 발표되지 않았으나 도쿄의 라디오 방송이 보도한 추정에 의하면 두 도시에서 약 10만 5천명이 사망하고 나머지가 부상을 당했다.

이쯤 되자 일본은 항복하지 않을 수 없게 되었다.

1945년 8월 10일 도쿄 방송은 마침내 다음과 같은 일본 천황의 항복 성명을 발표했다.

"일본 정부는 이 이상 전쟁을 계속함으로써 인류 위에 내리게 될 재해로부터 국민을 구하기 위하여 적대 행위를 빠르게 종결지을 것을 간절히 바란다."

# 10

# 고대로부터 내려온 두 수학 문제

# 수학에 관한 수수께끼

● 아킬레스와 거북의 경주

예수가 태어나기 500년 전 제논(기원전 490~430년)이라는 이탈리아 사람이 고국을 떠나 그리스로 가서 어떤 철학자 밑에서 공부를 했다. 제논은 기지가 풍부한 사람으로 만년에 당시의 수학자들에게 4개의 어려운 문제를 내어 골려 주었다. 그 하나는 경주에 관한 것이었다.

'달리는 둘 중에서 걸음이 느린 쪽이 가령 조금이라도 먼저

출발했다고 하면 빠른 편은 결코 느린 편을 따라잡지 못하는 까닭은 왜일까? 그는 계속해서 '느린 편이 있었던 곳까지 빠른 편이 도달했을 때는 느린 편은 이미 떠나서 앞으로 갔을 것이므로, 느린 편은 언제나 앞서 있어야 할 것이다.'라는 것이었다. 그러나 이 문제는 아킬레스와 거북의 상상적인 경주로 알기 쉽게 바뀌어졌다.

그리스 신화에서 아킬레스는 가장 걸음이 빠른 사람이다. 전설에 의하면 그는 여섯 살 때 벌써 달리는 수사슴을 따라잡을 수 있었다고 한다. 한편, 거북은 모든 동물 중에서 걸음이 느린 대표적인 동물이다.

이렇게 해서 1,000년이나 계속되는 문제가 제기되었다. 가령 아킬레스가 거북보다 10배 빠르게 달린다고 가정할 때, 과연 그는 거북을 따라잡을 수 있을 것인가 하는 것이다.

이 논의는 이런 것이다. 즉, 아킬레스가 10,000미터 달릴 동안 거북은 100미터 갈 것이다. 아킬레스가 10,000미터 달려서 거북이 출발한 지점에 도달했을 때는 물론 거북은 그 100미터 앞에 가 있을 것이다.

아킬레스가 이 100미터를 달릴 때는 이미 거북도 10미터를 기니까 10미터 앞서 있을 것이다. 아킬레스가 이 10미터를 달렸을 때는 거북은 또 1미터 기어서 아직도 1미터 앞서 있을 것이다.

아킬레스가 이 1미터를 달렸을 때 거북은 그 1/10미터 앞에, 또 아킬레스가 이 1/10미터를 달렸을 때는 거북이 1/100미터 앞에 있을 것이다. 이렇게 끝없이 계속된다.

"이 논의에서 어디에 잘못이 있는가?"라고 제논은 묻는 것이었다.

 수학적으로는 아킬레스와 거북은 확실히 계속해서 가까워질 뿐이고 결코 따라잡지 못하는 것같이 보인다. 계산을 해 보면 어느 때는 그가 거북으로부터 1미터 이내에 있을 것이고, 나중에는 그 1/100미터 만큼의 거리로 좁힐 수 있을 것이다. 그 간격은 얼마든지 작아질 것이다. 그러나 가령 1미터의 몇 억분의 1이라도 늘 거북의 뒤에 있을 것이 틀림없다.

 이 문제에 관해서 2,000년 동안 많은 논문이 씌어졌으며, 그 해결 방법이 많이 제안되었다. 이 문제는 다른 목적에는 아무런 쓸모가 없는 것이지만, 문제를 수학의 연습 문제로 다룰 때는 언제나 신중한 주의를 하지 않으면 안 된다는 것을 가르쳐 주고 있다.

　수학자들은 이 경주가 마치 처음에는 1,000미터의 경주, 다음에는 100미터의 경주, 또 다음은 10미터의 경주와 같은 식으로 무수히 작은 경주가 모여서 된 것과 같이 다루었다. 즉, 하나하나의 경주는 1,000미터, 100미터, 10미터, 1미터, 0.1미터, 0.01미터…… 이런 식으로 계속된다.

　그 거리는 이렇게 점점 작아지고 끝에 가서는 무한히 작아짐을 알 수 있을 것이다. 그러므로 수학적으로 이렇게 무한히 작은 수를 다루지 않으면 안 된다.

　옛날 이 문제를 설명하려고 하다가 실패한 어느 교수의 예를 본뜨는 것은 피하는 편이 현명하겠다. 그 교수는 여왕 앞에서 설명을 해 나갔다. 곧 여왕은 그 어려운 설명에 싫증이

나서 자기는 무한소에 대해서 알아야 할 것은 다 알고 있노라고 설명을 중지시켰다.

여기서는 하나만 설명해 두기로 한다. 이 경주가 극히 작은 다수의 거리가 모여서 된 것이 아니고 최후까지 연속되어 있다는 것이다.

아무튼 수학이나 통계에 관한 문제를 다룰 때는 상식에서 도움을 받는 것이 좋을 때가 종종 있다.

🔴 우주에서 본 나일 강의 삼각주―삼각주의 모양이 부채꼴로 되어 있음을 알 수 있다.

평소 우리는 체험에서도 빠른 쪽 주자가 곧 느린 쪽을 따라가서는 결국 앞서게 된다는 것을 알고 있다.

## ● 정육면체의 부피 구하기

최초로 기하학이 이용된 곳은 이집트의 나일 강이 접해 있는 땅이었다는 것은 널리 알려진 사실이다.

이 강은 장마철이면 자주 넘쳐서 상류 지역에서 운반되어 온 흙이 삼각주 가까운 들에 쌓였다. 강이 범람해서 흙이 쌓이면 그 때까지 있었던 경계 표지가 없어졌다. 그 때마다 이집트 사람들은 밭의 경계선을 다시 긋지 않으면 안 되었다. 이 때문에 이집트 사람들은 직선으로 둘러싸인 밭을 어떻게 측량하고, 그 넓이를 어떻게 계산하는가를 배웠다.

시대가 바뀜에 따라 철학자들은 직선이나 그것으로 둘러싸인 도형, 또는 곡선이나 원 같은 것에 대단한 흥미를 갖게 되었다. 기하학의 연구는 처음의 실용적인 것에서부터 이론적인 것으로 발전하여 철학자들이 자와 컴퍼스만을 써서 기하학 방법으로 문제를 푸는 데 큰 관심을 갖게 되었던 것이다.

그런데 이런 문제 중에서 자와 컴퍼스만을 써서는 풀지 못하는 것이 있었다. 그 하나가 주어진 정육면체 부피의 꼭 2배가 되는 부피를 구하는 문제였다. 이것을 수학자들은 배적 문제라고 한다.

이 문제의 기원에 대해서는 여러 가지 전설이 있다. 그 하나에 의하면 전설로 되어 있는 크레타 섬의 왕 미노스에게는 그라우코스라는 어린 아들이 있었다.

한 전설에 의하면 그라우코스가 마루에서 놀고 있을 때라 하고, 또 다른 전설은 쥐를 쫓고 있을 때라고 하는데, 아무튼 그는 꿀을 담은 독 안에 빠져 질식해서 죽게 되었다.

왕은 점쟁이를 불러 명령했다.

"이 아이를 살려 내라. 그렇지 않으면 너도 아이의 시체와 함께 생매장해 버리겠다."

결국 점쟁이는 아이를 살릴 수 없어 같이 무덤에 묻혔다. 그러나 그는 무덤 속에서 아이를 소생시킬 수 있었다. 그 아이는 다만 기절해 있었을 뿐이었다. 그 뒤 점쟁이는 아이를 왕에게 바쳤다.

미노스가 이 사건을 계기로 해서 자기 자신의 죽음을 생각하게 되었는지 어떤지는 말하고 있지 않다. 그러나 전하는 바에 의하면, 아이가 죽음에서 소생하고 나서 곧 자신의 무덤을 만들 것을 명령했다.

그는 무덤을 정육면체 모양으로 만들도록 지시했다. 무덤이 다 되자 왕은 검사를 하고 건축가에게 이렇게 작은 무덤은 왕족에게 맞지 않는다고 불만을 표시했다.

그리고 왕은 건축가에게 무덤의 크기를 2배로 늘려 다시 만들 것을 명령했다. 그러나 정육면체의 한 변의 길이를 2배로 하면 무덤의 부피는 먼저 것의 8배로 되고, 왕이 명한 2배의 크기로는 되지 않는다.

그래서 건축가들은 당시의 학자들에게 정육면체 부피의 꼭 2배가 되는 부피를 갖는 정육면체를 설계하려면 어떻게 해야 되는지를 논의했다. 학자들도 만족스런 해답을 낼 수 없었다. 문제를 자와 컴퍼스만 사용해 해결하려고 시도한 수학자는 모두 실패하고 말았다.

## ● 전염병과 아폴론의 신탁

　다른 전설에 의하면 정육면체의 부피 문제는 고대 그리스의 델포이 마을에서 시작되었다. 델포이에는 아폴론 신을 모시는 신전이 있었다.

　그리스 사람들은 그들의 많은 신이 위대한 힘을 가지고 있으며, 이 세상에서 일어나는 모든 일들은 각각 신이 있어 이것을 지배하고 있다고 믿었다.

　예를 들면, 그들의 신 아폴론은 전염병을 보내서 사람을 벌하는 힘을 갖고 있다고 생각했으며, 또 만일 아폴론이 원한다면 인간으로부터 질병을 쫓을 수도 있다고 믿었다.

어느 때 전염병이 발생해서 사람들은 아폴론 신이 인간에 대해서 노하여 그 벌로 전염병을 퍼뜨렸다고 생각했다. 그들은 지도자를 아폴론의 신전에 보내서 전염병으로부터 구해 줄 것을 탄원하기로 했다.

각각의 신은 모두 다른 신전에 모셔 있었으며, 신관이나 여신관이 그 시중을 들면서 인간을 대신하여 고하고, 또 신의 계시를 인간에게 전하였다.

왜냐 하면 신은 매우 고귀한 존재이므로 보통 사람은 감히 신과 대화를 나눌 수 없다고 생각했기 때문이었다. 신관의 입을 통해서 인간에게 전해지는 신의 말을 '신탁'이라고 한다.

▶ 플라톤이 아카데메이아를 세워서 수많은 청년들을 가르쳤다.

◀ 궤변론자들이 활약하던 고대 그리스 시대의 유적

이 전설에 의하면, 그리스 지도자들은 델포이의 아폴론 신전으로 갔다. 여기에는 신성한 신관이 있었는데, 지도자들은 그녀에게 부탁해서 신에게 전염병을 없애 달라고 탄원을 했다.

여신관이 빌었더니 아폴론 신은 신탁으로 인간에게 다음과 같이 고했다.

"만일 인간이 현재의 제단 크기의 두 배가 되는 것을 만들면 전염병을 다른 곳으로 가져갈 것이다."

당시의 제단은 정육면체 모양을 하고 있었는데, 그것의 2배 크기의 정육면체를 만드는 방법은 아무도 몰랐다. 다급했던 그들은 당시 그리스에서 가장 현명하다는 플라톤(기원전 427~327년)을 찾아가 논의했다.

어느 전설에 의하면 플라톤은 다음과 같이 가르쳐 주었다고 한다.

"아폴론 신은 기하학에 있어 그대들에게 최고의 재능을 필요로 하는 문제를 시험하려는 것이 아니다. 또한 현재 제단의 2배나 되는 새로운 제단을 만들어 주기를 바라는 것도 아니다. 신탁으로 말한 것은 인간에게 지금까지보다 기하학을 더욱 많이 연구해 주기 바란다는 것뿐이다."

## ● 원적 문제

앞에서 고대 그리스 사람들을 곤란하게 만든 문제 두 가지를 소개했으나 그 밖에 또 하나가 있다. 그것은 원을 정사각형으로 고치는 문제(수학자들은 원적 문제라 한다) 같은 정사각형을 그리라는 문제였다.

이것을 풀기 위해서 고대 그리스 사람들이 여러 가지로

머리를 짜냈고, 또 근대 사람들도 많은 노력을 기울였다. 그러나 자와 컴퍼스만을 사용하는 방법으로는 누구 한 사람도 성공하지 못했다.

또 자와 컴퍼스만 쓴다는 조건에서는 어떤 원의 둘레와 같은 길이를 갖는 선분을 그리는 데도 누구 하나 성공하지 못했다. 지금은 수학자들이 원 둘레의 길이를 '$2\pi r$' 이라는 기호로 나타낸다.

여기서 $r$은 원의 반지름, $\pi$는 모든 원에 공통된 어떤 수를 나타내고 보통 그 값을 약 3.14로 한다.

그러나 이 $\pi$의 정확한 값은 결코 발견되지 않았다. 어느 수학자는 그 값을 소수점 이하 30째 자리까지 계산하고, 그의 공적을 나타내기 위하여 소수점 아래 30째 자리까지의 $\pi$의 값을 묘석에 새겼다.

다른 수학자들도 같은 계산을 했고, 그 결과 지금의 $\pi$의 값은 소수점 이하 700자리까지 알려져 있다.

그러나 가령 소수점 이하 20,000자리에 걸친 숫자를 알았다 해도 그것은 $\pi$에 관한 한 정확한 값이 아니다. 무한대로 나가는 $\pi$의 정확한 값은 알아 낼 수 없는 것이다.

# 11
## 과학에 대한 두 가지 충고

# 과학자를 향한 질문

## ● 찰스 2세, 과학자를 우롱하다

영국 왕 찰스 2세는 과학에 각별한 흥미를 갖고 특히 항해와 관련된 실험을 즐겼다.

그는 항해에 대해 매우 정확한 지식을 갖고 있어서 어떤 종류의 나무가 물에 가라앉지 않고 잘 뜨는가, 또 물을 헤치고 나가는 데는 어떤 모양이 제일 적당한가 등을 규명하기 위하여 비상한 주의를 기울였다.

이렇게 국왕이 물에 뜨는 물체에 관해 흥미를 가졌다는 점에 다음 이야기의 골자가 있다.

어느 날 왕립 학회 회원들이 모임을 가졌을 때 찰스 2세는 문제를 하나 냈다.

"만일 처음에 물을 담은 대야의 무게를 재고, 다음 그 안에 산 물고기를 넣고 다시 무게를 재면 무게는 전과 같다. 그러나 물을 넣은 대야에 죽은 물고기를 넣고 무게를 재면 무게는 죽은 물고기의 무게만큼 커진다. 그 까닭은 무엇인가?"

왕이 질문을 하고 회원들을 둘러보았다.

왕립 학회 회원의 대부분은 아르키메데스가 왕관의 진위를 확인한 이야기를 알고 있었고, 또 물에 가라앉은 고체 물체는 공기 중에 있을 때보다 무게가 가볍게 된다는 것도 알고 있었다.

그러나 왕의 질문에는 누구 하나 즉시 대답하지 못했다. 문제는 왕이 낸 것이므로 대답하지 않으면 안 됐다. 만일 대답하지 못하면 그것은 왕립 학회의 위신에 관계되는 일이 아닐 수 없었다.

아르키메데스의 저서와 다른 과학자들의 저서가 일일이 조사되었고, 긴 토론이 계속되었으나 납득이 갈 만한 대답은 하나도 없었다.

상당한 시간을 들여서 이 문제를 논의한 다음 회원 가운데 한 사람이 초등 학교에서 배운 좋은 규칙을 생각해 냈다. 그것은 '어떤 일이 왜 일어나는가를 토론하기에 앞서 우선 그것이 참으로 일어나는가를 확인하라'는 것이었다. 그는 정말로 대담하게 그런 차이가 있나 없나부터 확인할 필요가 있다는 것을 시사했다.

대담한 이 제의는 그 자리에 모인 과학자나 신하들에게 받아들여지지 않았다. 그들에게는 왕의 말에 의심을 품는다는 자체가 벌써 반역적인 행위인데, 왕이 틀린 질문을 했다고 공언하는 것은 너무나 무서운 일이라고 생각했다.

다른 사람들도 왕의 말은 완전히 옳으며, 그것은 옛날부터 잘 알고 있던 사실, 즉 산 물고기를 물에 넣으면 무게가 늘지 않지만, 죽은 물고기를 넣으면 무게가 늘어나는 것은 사실이라고 장담했다.

아무런 결실도 없는 논의로 회원들은 많은 시간을 소비했다.

그 뒤 앞에서 말했던 회원이 또 한 번 정말 어떤 일이 일어나는가 우리들 눈으로 확인해 보자고 제안했다.

마침내 사람들은 그의 제안을 받아들여 물이 든 대야를 가져오게 했다. 먼저 저울에 올려놓고 그 무게를 쟀다.

그런 다음 산 물고기를 넣고 모두들 숨을 죽이고 보고 있는 가운데 무게를 쟀다. 이번 무게는 대야와 물만 달았을 때보다 무게가 무거웠다.

다시 산 물고기를 꺼내 죽인 다음 대야에 넣고 무게를 쟀다. 산 물고기를 넣었을 때와 무게가 똑같았다.

이렇게 해서 그들은 찰스왕이 장난을 친 것임을 알게 되었다.

## ● 왕립 학회, 조롱당하다

이 이야기는 재미있을 뿐 아니라, 우리가 기억해도 좋을 만한 교훈을 가지고 있다. 그러나 그것은 아마 지어 낸 이야기일 것이 틀림없다.

이 사건에 대한 기록은 왕립 학회의 역사 기록물 어디에서도 찾아볼 수 없다. 왕의 이런 농담이 사실이었다면 틀림없이 문헌에 기록되어 있을 것이다.

한편, 왕립 학회가 한때 모멸의 대상이 되었던 일, 특히 회원이 되려다 거절당한 사람으로부터 심한 공격을 받은 사실을 역사는 기록하고 있다. 그 사나이는 보복으로 왕립 학회에 대해서 갖가지 우스꽝스러운 이야기를 지어 냈으나 진실은 하나도 없었다.

그 중에서 매우 재미있는 이야기의 하나는 '타르'를 '혈액을 정상 상태로 유지시키는 약'으로 추천하기 위해서 씌어진 당시의 신간본을 근거로 하고 있다.

왕립 학회의 어느 회합에서 학회는 포츠머스에서 보내 온 한 통의 서신을 받았다. 거기에는 선원이 마스트 꼭대기에서 떨어져 발을 삐었는데, 붕대를 감고 '타르를 충분히 썼다.' 그 덕택으로 3일 만에 전과 같이 걸을 수 있었다고 씌어 있었다.

이야기에 의하면 왕립 학회 회원들이 서신을 둘러싸고 장시간에 걸쳐 열심히 의논하고 있을 때 방문이 열리더니 또 다른 편지가 한 장 날아들었다. 거기에는 지난 번 서신에 쓸 것을 빠뜨렸는데, 선원의 발은 나무로 된 의족이라고 씌어 있었다고 한다.

찰스 2세와 죽은 물고기 이야기도 엇비슷한 것으로 혹시 같은 사람이 창작한 것인지도 모른다. 이와 매우 비슷한 이야기가 이전에도 있었다.

어느 날 프랑스의 루이 13세(1601~1643년)가 신하들을 보면서 물이 가득 찬 어항에 산 물고기를 넣으면 물이 얼마쯤 넘쳐 흐르지만 죽은 물고기를 넣으면 조금도 넘치지 않는다. 이것은 어째서인지 생각해 보라고 했다 한다.

신하들은 머리를 짜내서 생각했지만 그 이유를 알 수 없었다. 할 수 없이 그들은 정원사를 불러 어항과 고기를 가져오게 하고 물을 채운 어항에 산 물고기를 넣었다. 물이 약간 흘러 넘쳤다.

다음에 정원사는 물고기를 꺼내 죽인 다음 다시 넣었다. 이때에도 역시 물이 흘러 넘치는 것을 볼 수 있었다.

찰스 2세에 관해서는 다른 이야기가 있다. 그것은 과학자들이 토론에 지쳐 있을 때 그 중 한 사람이 대담하게도 왕의 말은 틀렸으며 토론할 여지가 없다고 말했다. 그랬더니 왕은 매우 기분이 좋아서 다음과 같이 말했다고 한다.

"오드 피슈, 당신이 맞았다."

'오드 피슈'는 문자 그대로 '기묘한 물고기'란 뜻 이외에 '귀여운 녀석'이라는 뜻이 있다.

## 과학사의 뒷이야기

3판 1쇄 발행 2007년 1월 15일
3판 2쇄 발행 2009년 3월 25일

엮은이
**학생과학문고편찬회**

펴낸이
**조 병 철**

펴낸곳
**한국독서지도회**

경기도 고양시 일산동구 장항동 580
TEL (031)908-8520
FAX (031)908-8595
출판등록 1997년 4월 11일 (제406-2003-016호)

✱ 잘못된 책은 바꿔 드립니다.
✱ 책값은 뒤표지에 있습니다.
ISBN 89-7788-189-7